看圖就懂

行為經濟學

人非永遠理性，人心更能帶動經濟，消費心理如何運作，一本輕鬆看透！

知識ゼロでも今すぐ使える！行動経済学見るだけノート

真壁昭夫 Akio Makabe 著　　　伊之文 譯

晨星出版

人心如何帶動經濟

　　從很久以前開始,我就想要撰寫讓一般讀者也容易看懂的「行為經濟學」書籍,本書的問世終於讓我如願以償。在專業插畫家的協助下,這本看圖就懂,能讓讀者了解「行為經濟學」概要的書籍誕生了。

　　應該有很多人都聽過「行為經濟學」這個詞彙,但是不太清楚這是一門什麼樣的學問,或是難得拿起一本入門書,但看到一半就因為看不懂而放棄閱讀。因此,這本書便以視覺圖像為主,希望讓大家搞懂現在備受矚目的行為經濟學。

　　行為經濟學是經濟學的次領域,它關注人們的「心理」,試圖藉此掌握金融和經濟的變動。傳統經濟學認為人永遠都是理性的,經濟和金融也是由理性的人類所創造的。

　　然而,實際上有時候人也會做出愚蠢的事情,不一定理性。有血有肉的人類所創造的經濟和金融,無論如何都會受到「人心」的影響而產生不合理的變動。也就是說,比起傳統的經濟學理論,行

為經濟學這門學問更貼近真實的經濟和金融現況，能夠在我們的日常生活中派上許多用場。

我還清楚記得自己初次接觸行為經濟學時的感動。在那之前，我學的是傳統的經濟學和金融經濟學（Financial economics），運用那些知識在金融市場上從事金融交易，包括買賣債券和匯兌等業務。

然而，我每天在金融市場上執行業務時會遇到用傳統經濟學理論難以解釋的情況，於是便開始思考有沒有其他理論能夠更加深入理解金融市場的實際變化，就在此時，我接觸到行為經濟學，為此感到萬分欣喜，甚至覺得幸福。

我希望各位讀者讀了這本書之後也能體會到恍然大悟的快感，願本書成為讓大家對行為經濟學產生興趣的關鍵入門書。

真壁昭夫

看圖就懂

行為經濟學

Contents

Chapter 3
行為經濟學的
基本理論

Chapter 4
泡沫經濟
為什麼發生?

Chapter 5

能應用在生活上的行為經濟學

Chapter 8
行為經濟學
今後的展望

chapter

行為經濟學
是什麼？

> 「行為經濟學」是 20 世紀後半期才誕生的
> 一門新學問。它為什麼受到關注呢？這個
> 章節將要比較行為經濟學與傳統經濟學，
> 由此揭開行為經濟學的面紗。

01

行為經濟學究竟是一門
什麼樣的學問？

行為經濟學是關注「人心」的經濟學。

首先，「行為經濟學」是經濟學中一個比較新穎的次領域，從 **「心理」** 的角度來分析人們做決策的過程和行為。從個人行為、企業決策到國家經濟都是行為經濟學分析的對象，範圍相當廣泛。行為經濟學以一般人為實驗對象來實地證明並建立理論。

人心帶動經濟

吃想吃的食物、喝想喝的飲料、明明有作業要寫卻跑去玩……等，人的行為總是受到「**心之所向**」影響，並非像機器人般所有的舉動都預先設計好了，所以有時會做出不合理的事。研究行為經濟學能夠讓我們**客觀看待**並釐清自己日常生活中所做的判斷和想法。

人有時會做出不合理的舉動……

● 價格變貴了，卻賣得更好？

消費者花比較多錢去買同樣的珠寶就是個不合理的例子，這是因為消費者先入為主地認為「昂貴的珠寶比較有價值」，這種現象在行為經濟學中稱為「框架效應」（Framing effect）。

● 明明折扣相同……

光是「打 92 折」對已經習慣打折的消費者來說沒有吸引力，但另一方面，覺得 8% 消費稅很高的消費者卻會對消費稅回饋特賣會感興趣。

02

「行為」意味著什麼？

人們採取的某些行動難以用傳統的經濟學來解釋，但可以用心理學的理論來解釋。

行為經濟學是運用**心理學**（以科學來研究心理運作和行為的學問）理論來分析人們所做的經濟決策。人們往往認為心理源自於「心」，但若真要追究起來，心理其實是源自大腦的運作。當我們採取某個「行動」時，背後一定有各種心理在運作，包括情緒、想法和對事物的莫名堅持等等。為了提高滿意度或緩和不安，我們會思考、進行判斷並實際展開行動。

心理其實是大腦的運作

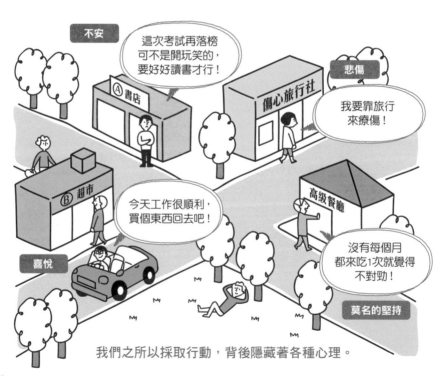

我們之所以採取行動，背後隱藏著各種心理。

心理學在「探討人如何做決定」這方面相當有用處。當我們看到圍繞著自己的事物（外界）並辨識它們就叫做「認知」，而客觀分析「人認知事物的過程」的心理學就稱為「認知心理學」。應用這些心理學理論，能夠讓你我了解人們購物或投資時的心理。

什麼是心理運作？

▨ 人類的認知有時會出錯

左上方是一幅名叫「魯賓之壺」的錯視畫，白色部分像一個壺，黑色部分則像是兩張面對面的側臉。另外，右上圖的兩條直線其實一樣長，但人卻會產生下面那條線比較長的錯覺。諸如此類，人類的認知有時候會出錯，而行為經濟學的理論就是建立在這種心理運作上。

行為經濟學是什麼？

03

為什麼行為經濟學會受到矚目？

能夠巧妙解釋人們做決定的過程，是行為經濟學和傳統經濟學最大的不同。

行為經濟學之所以受到矚目，是因為它能夠用心理學合理解釋人們**做決策的過程**，比傳統經濟學更有說服力，因此，全世界對行為經濟學的需求越來越高。尤其是要解釋發生在 1 週或 1 個月內這種短期間的經濟變化時，行為經濟學更能發揮它的效用。

心理學的實用性

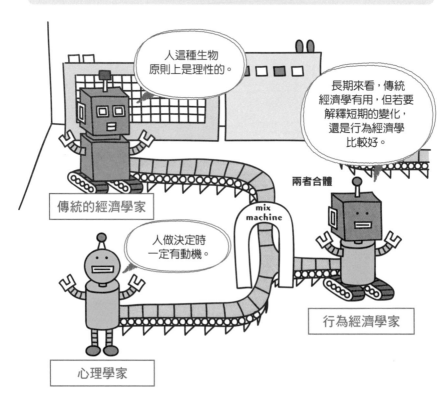

現在，學者越來越頻繁地嘗試運用行為經濟學理論來分析並解釋各種經濟活動，其研究對象包括股價和外匯市場的匯率（例如新台幣和美元之間的兌換比率）變動，以及每個人的消費行為、企業的專案管理、財政經營與經濟危機（例如 2008 年 9 月 15 日的雷曼兄弟事件）發生的原因。

市場心理會影響股價

● 大多數人認為「股價會上漲」，它就會漲

● 大多數人認為「股價會下跌」，它就會下跌

▨ 金融市場是所有股民都參與的投票

金融市場上每天都會舉辦全員參與的投票活動。理論上，當 100 人中有 51 人以上認為「股票會上漲」時，它就會上漲；相反地，當 100 人中有 51 人以上認為「景氣變差，股票會下跌」時，股價就會下跌。

行為經濟學和「傳統經濟學」有什麼不同？

行為經濟學和從不重視人心的傳統經濟學不同，以「有血有肉的人類」為研究對象。

經濟學和行為經濟學的差異在於對「人」的看法。行為經濟學考慮到「人會受到喜悅和不安等情緒影響」，以**「有血有肉的人類」**為研究對象。但傳統經濟學並不重視人的心理，經濟學者反而是為自己的研究設下有利的先決條件，預設人類沒有情感，不會做愚蠢的事，永遠都會採取合理的行動。

傳統的經濟學

傳統的經濟學總是設想「人永遠都會為了自己的利益而採取合理的行動」。

自己開車來會塞車，搭遊覽車來是對的！

合理山樂園

歡迎蒞臨偏誤鎮

無理海

海邊有鯊魚，不要去！

異常森林

無論從安全性、費用或設施完備度的角度來看，在「合理山樂園」度假才是最合理的選擇。

（作者註）本書中的「經濟學」指的是傳統的經濟學。

　　傳統經濟學是以「人永遠是理性的」為前提，假設人不會去做不理性的事。舉例來說，假設你明天要考試，那麼今天好好用功讀書才是理性的做法，但如果朋友約你一起去唱KTV，你也不好意思拒絕，這是人之常情。傳統經濟學設定「人是理性的」這個條件，試圖做出能夠套用在多數人身上的解釋，沒有考慮到人的「情感」。

行為經濟學

行為經濟學所設想的「人」會按照各自的價值觀採取行動，有時還會做出不理性的決策，是人類「最真實的模樣」。

重點小筆記

人做決定時
並非永遠理性

行為經濟學用理論來闡明人類的「不理性」，解釋人類在經濟活動中所做的決定。

17

建立行為經濟學理論
的兩位學者

行為經濟學誕生於 20 世紀，運用心理學的理論發展到現在。

那麼，行為經濟學是什麼時候開始受人矚目的呢？1979 年 ，一篇可說是「行為經濟學始祖」的論文問世了，那就是丹尼爾‧康納曼（Daniel Kahneman）與阿莫斯‧特沃斯基（Amos Tversky）共同撰寫的《**展望理論：風險下的決策分析**》[1]。這篇論文運用心理學知識來分析我們的經濟行為，對行為經濟學的發展具有偉大貢獻。

丹尼爾‧康納曼和阿莫斯‧特沃斯基

丹尼爾‧康納曼
（1934 〜）

他是生於以色列的心理學家，普林斯頓大學名譽教授。與阿莫斯‧特沃斯基共同研究「展望理論」，於 2002 年獲得諾貝爾經濟學獎。

阿莫斯‧特沃斯基
（1937 〜 1996）

生於以色列的心理學家。1971年起擔任史丹佛大學教授，與丹尼爾‧康納曼進行共同研究，提倡「展望理論」。於 1996 年逝世。

---

1 譯註：暫譯篇名，原論文名為《Prospect Theory: An Analysis of Decision under Risk》

「Prospect theory」（展望理論）的「Prospect」是期待或預期的意思，但它其實並沒有那麼難懂。簡單來說，「展望理論」是在描述「我們想要盡早確保利益，卻想要把損失延後」的心態。人心不是永遠都保持理性，若你回顧日常生活，應該會同意這一點。

「展望理論」是什麼？

「展望理論」可以用下面這張價值函數（Value function）的曲線圖來表示。

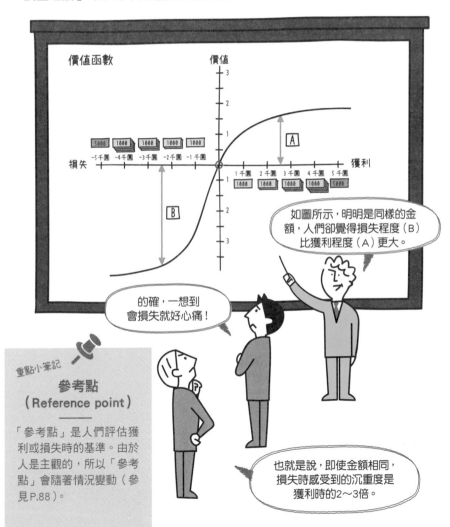

重點小筆記

參考點
（Reference point）

「參考點」是人們評估獲利或損失時的基準。由於人是主觀的，所以「參考點」會隨著情況變動（參見P.88）。

19

行為經濟學
是什麼?
06

行為經濟學也是諾貝爾經濟學獎的給獎對象

繼 2002 年的丹尼爾·康納曼之後，21 世紀還有 2 位行為經濟學研究家榮獲諾貝爾經濟學獎。

2002 年，提出「展望理論」的丹尼爾·康納曼獲得**諾貝爾經濟學獎**，是第一位獲得該獎項的行為經濟學家，其獲獎原因是「從心理學的研究中得到構想並與經濟學領域連結，立下一大功績」，尤其對分析「人在不確切狀況下會如何進行判斷與做決策」有很大的貢獻，備受肯定。至於阿莫斯·特沃斯基則是在 1996 年就過世了，所以沒能在 2002 年獲獎。

諾貝爾經濟學獎得主

2002 年

丹尼爾·康納曼

（參見 P.18）

2013 年

羅伯·席勒

（1946～）

美國經濟學家，耶魯大學教授。在其著作中預測到「次級房貸危機」（Subprime mortgage crisis）即將到來而廣為人知。於 2013 年榮獲諾貝爾經濟學獎。

2017 年

理查·塞勒

（1945～）

美國行為經濟學家，芝加哥大學教授。以「輕推理論」（Nudge theory）之相關研究廣為人知，是行為經濟學的先驅。於 2017 年獲得諾貝爾獎。

後來，耶魯大學的羅伯·席勒（Robert James Shiller）教授在 2013 年獲得諾貝爾經濟學獎，獲獎原因是他揭開了「進行股票交易的金融市場無法以邏輯來預測」。之後，芝加哥大學的理查·塞勒（Richard H. Thaler）教授也獲得同一個獎項，他提出以下會介紹的「輕推」（Nudge）等行為經濟學理論，功績受人稱頌。

「輕推理論」是什麼？

「輕推」是指在不讓對方察覺的情況下，誘導他往我們所希望且合理的方向改變。

你未成年，而且路邊禁止抽菸！

在這種情況下，他會有什麼反應？

我看到很多文宣，發現抽菸比想像中對身體更不好，所以就戒了！

咦，真的假的？

遭到強迫時，對方會反彈。

不要強迫對方，讓對方有選擇權並加以誘導，效果會更好。

近幾年引發話題的這件事，也是「強迫」不太有用的例子。

理查·塞勒教授

「DJ警察」

2013 年 6 月，日本足球國家代表隊確定參加巴西世足賽的那一晚，狂熱的球迷聚集在澀谷的行人專用時相十字路口並引發混亂，後來被「DJ 警察」用輕鬆詼諧的語氣誘導而平息。雖然不知道當時負責誘導的警官用意為何，但從這個例子可以看出，當人們沒有受到強迫時就不會反彈。

行為經濟學是什麼？

07

經濟學家也會研究行為經濟學嗎？

行為經濟學家三度榮獲諾貝爾經濟學獎，可見行為經濟學在國際上越來越受關注。

近年，有越來越多經濟學者研究行為經濟學。在年輕學者當中，有很多人打從一開始就學習行為經濟學，想要提出更進一步的研究成果。此外，也有人從前學的是傳統經濟學，認為「人是理性的」，但也被行為經濟學的高說服力吸引而轉為研究這門學問。此外，在經濟學系課程中導入行為經濟學的大學也逐漸增加。

越來越受矚目的行為經濟學

我覺得一門學問要能解釋日常生活中的經濟，將來才能派上用場。

雖然還是有無法解開的問題，但傳統經濟學還是很有用的！

傳統經濟學課程

令人好奇！

行為經濟學好像很有趣！

仍然有很多學者重視傳統的經濟學。

行為經濟學最大的魅力就是很有說服力！

行為經濟學課程

然而，近幾年有越來越多人從行為經濟學開始學起。

雖然我沒學過經濟學，但是這個領域感覺比較有趣！

2004 年，為了促進日本國內的行為經濟學研究，舉辦了「行為經濟學工作坊」。2007 年，**「行為經濟學學會」**成立，邀請羅伯·席勒教授等外國學者前來參與，無論研究發表或研討會都如火如荼地進行。這證明人們對行為經濟學的需求增加並非曇花一現，而是因為它的理論能夠更合理地解釋人們如何做出決策。今後，研究行為經濟學的專家將會越來越多。

行為經濟學在政策上的應用

除了在金融和行銷領域之外，行為經濟學在政治圈也受到矚目。

醫療&健康

包括日本在內，各國都實施了應用行為經濟學的政策，用途以醫療和維持國民健康為主（參見 P.158～161）。

安全

包括建築安全和預防火災在內，有些安全保護措施光靠建築法等法規來強制執行仍有困難，因此人們也很期待「輕推」等行為經濟學理論能應用在這些範疇上。

環境&能源

和醫療與健康一樣，環境和能源也是人們特別期待行為經濟學能善加獲得應用的領域。2017 年，「輕推組織」在日本創立（參見 P.160～161）。

行政

行為經濟學在行政領域的廣泛應用也頗受期待。英國曾做過一項運用「輕推理論」的實驗，藉此實際提高了納稅率（參見 P.162～163）。

哇～～

想要從政的話，還得學行為經濟學啊！

行為經濟學
是什麼？

08

行為經濟學
有什麼用處？

人的心理會在無意識中改變，將人心變化建構成理論是行為
經濟學的職責。

行為經濟學能幫助我們思考「心理和情緒**如何影響人們做判斷和採取行動**」，而且不僅能用在個人身上，套用在社會變動上也很有用。我前面提過，行為經濟學運用了心理學的理論和知識。人的心情並非永遠保持不變，會因為旁人的舉止、天氣和身體狀況等因素不停變來變去。因此，行為經濟學能夠幫助我們思考「人在短時間內的行為與經濟變化」。

我們的情緒會帶動經濟

不同的情緒可能讓人採取相似的行為

心（情緒）的變化並非總是在我們有注意到的情況下發生。有時候，即使是注意到了，但心卻自己（在無意識中）起了反應。舉例來說，身體會在聽音樂時下意識地隨著節奏搖擺，而這種情緒影響行為的情況也會發生在經濟活動中。能夠解釋短時間內發生的經濟變化可說是行為經濟學的強項。

狀況或環境也會帶動經濟

一般而言，天氣好時股價會上漲，天氣不好時則會偏低。

行為經濟學
是什麼？
09

行為經濟學
能在哪些行業派上用場？

行為經濟學研究的對象是和經濟相關的一切事物，能在各種
商業場合中派上用場。

　　現在，在許多商業場合，越來越多人想要運用心理相關知識提高客戶的
滿意度和銷售額，實際的領域包括行銷、新商品的企劃與設計、股票或外匯
等金融市場的研究與交易等等。**行為經濟學的應用範圍很廣**，還在逐漸擴大。

行為經濟學的應用範圍越來越廣

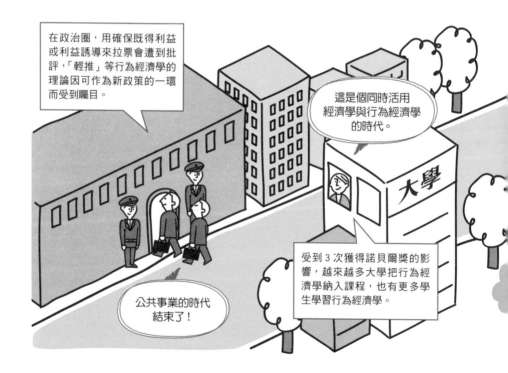

在政治圈，用確保既得利益或利益誘導來拉票會遭到批評，「輕推」等行為經濟學的理論因可作為新政策的一環而受到矚目。

這是個同時活用經濟學與行為經濟學的時代。

公共事業的時代結束了！

受到 3 次獲得諾貝爾獎的影響，越來越多大學把行為經濟學納入課程，也有更多學生學習行為經濟學。

行為經濟學的分析對象並不設限，所有和經濟相關的判斷與行為都是行為經濟學的研究對象。至於要如何運用這門學問的理論，完全看使用的人怎麼想。在行銷或金融業，從業人員的目標是分析和行為有關的數據，從中找出既定的模式，並進一步應用在工作上。重點在於，是否能讓多數人理解分析出來的結果。

那麼,傳統經濟學就沒用了嗎?

在這個瞬息萬變的時代,雖然有很多人感受到傳統經濟學有它的極限,但它長久累積起來的理論在今後還是相當實用。

讀到這裡,應該會有許多讀者產生「經濟學是不是無用」的疑問,但其實經濟學仍然是一門有用的學問,若用長遠的眼光來看待我們的生活、人生、社會變動和行為的合理性,會發現人雖然有時會做出不理性的事,但隨著我們成長並變得更加成熟,就會懂得分辨是非,做出應有的合理判斷。

傳統經濟學與行為經濟學

短期來看,我們會做出不理性的事,被眼前的事物誘惑而學不乖。但若長期來看,我們會慢慢學乖,越來越常採取理性的行動。

剛踏進社會的年輕人就算隔天要上班,還是會做出每週多次飲酒聚會這樣不理性的事。

當我們還是職場菜鳥時,可能會常常在工作及生活上犯錯而老是挨罵。儘管多少過著自甘墮落的生活,但還有體力時不太懂得反省。

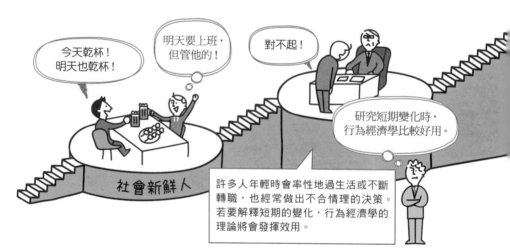

人經常受到情緒影響而衝動行事，這將會造成短期的經濟變化，在金融市場上，股價每天都會受此影響。然而，隨著時間經過，我們會冷靜下來，行為舉止變得更理性，而傳統經濟學便是以「人是理性的」為先決條件，藉此掌握長期的經濟變化。大家可以想成，**面對短期變化用行為經濟學，面對長期變動則運用傳統經濟學。**

然而，人到了 40 幾歲責任會變重，也會開始注重健康。換句話說，行為舉止比年輕時更理性的人會變多。這樣一想，主張長期均衡理論的傳統經濟學比較能解釋長期的變化。

要改變生活習慣才行……

主管！

什麼事？

到了 40 幾歲，許多人的健康檢查報告上會出現紅字，讓他們覺得再這樣下去不行，便認真檢討平時習慣，也更認真生活。

經過 5 年、10 年之後，隨著自己在職場上的責任變重，會有更多社會人士想要告別過去的墮落生活。

像這樣長期來看，傳統經濟學的說服力比較高。

要怎麼學習
行為經濟學呢？

　　若要學習行為經濟學，請你一定要仔細地把這本書讀過幾遍。接下來，我會介紹許多個案研究和具體的例子，請你和我一起來探究「心理（情緒或對事物的執著等）如何影響我們的判斷和決策」。

　　舉例來說，當景氣變好時，為什麼昂貴的商品會開始暢銷呢？諸如此類，我們的心理狀態會為當下的經濟帶來難以忽視的影響。實際上，很多經濟學家就是基於身邊的疑問或好奇心而建立了行為經濟學的理論。希望你能先把這本書讀過一遍，接著再探究自己的行為和社會變動。

　　如果你想要更深入了解行為經濟學的說服力，建議可以連帶學習傳統經濟學。若你能根據這兩門學問的理論，親自動腦探究社會上實際發生過或正在發生的變動，你的人生將會更豐富。

chapter

經濟學家的
深切反省

傳統經濟學以「人永遠都是理性的」
為先決條件，但這個前提無法解釋
某些複雜的經濟現象。

經濟學家的深切反省

01

人不是永遠理性的

傳統經濟學的先決條件是「人總是會為自身利益採取理性的行動」，但事實並非如此。

第二章將要探討傳統經濟學如何看待人類。經濟學家在研究傳統經濟學時設下了一個前提，那就是「人不會被情緒牽著鼻子走，會為了自己的利益採取行動，非常理性」。經濟學上有個名詞叫做「Homo economicus」，意思是「理性的經濟人」。知名漫畫《骷髏13》[2] 裡有個狙擊手角色杜克東鄉，讀者可以把「經濟人」想成像他那樣非常理性且從不做無用之事的人。

理性的「經濟人」是什麼？

我們不是超人，不會像下圖中畫的一樣，在任何情況下都保持理性。

徹底的利己主義

擁有全面的知識（無所不知）

一定會做出合理的判斷

永遠冷靜且堅定不移

完美人物？

站在他後面就危險了！[3]

---

2 譯註：暫譯，原文書名為《ゴルゴ13》
3 譯註：這也是《骷髏13》那部漫畫的哏，主角「杜克東鄉」就連站在他背後的人都能小心提防。

我們平時經常做出不合理的舉動，這是人之常情。而且，一想到每個人的喜好、習慣和心理都不同，就很難找到共通點和經濟上的固定法則，因此傳統經濟學才會以「理性的經濟人」為前提。

人並不是永遠理性的

● 假如我們是「合理的經濟人」……

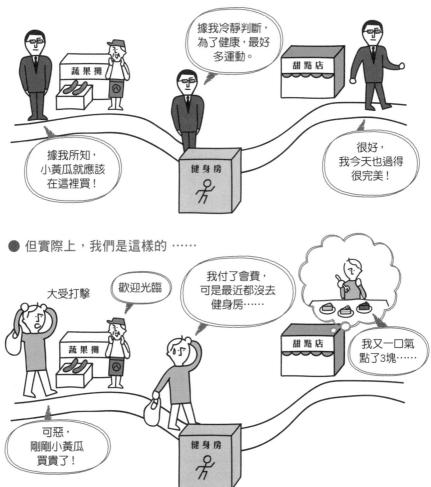

● 但實際上，我們是這樣的……

經濟學家的
深切反省
02

解開
人的「本質」

我們有時理性、有時不理性，這才是現實，也是行為經濟學
這門學問的出發點。

先設下「理性的經濟人」這個前提，會更容易建立可以套用在許多案例
的理論。長期來看，我們某種程度上是理性的，所以這個前提不能算是錯誤，
但是，也因為有了這個前提，我們很難說傳統經濟學符合「現實」和「直覺」。
人們之所以對經濟學留下「很難理解」的印象，這也是原因之一。

傳統經濟學家的困境

傳統經濟學以「理性的經濟人」為前提，
但那並不符合人們的真實樣貌

經過反省之後，經濟學家開始著手，想要讓傳統經濟學理論更貼近現實，於是便發展出行為經濟學的理論。**「解開人的本質」**意思就是要建立符合大眾直覺的理論。若從行為經濟學的角度來審視自己每天做的決策，就能找到做出那種判斷的根本原因，思考後也能夠理解其緣由。

從經濟學的反思發展出行為經濟學

為了解開人的「本質」，
經濟學踏入了人類的心理領域。

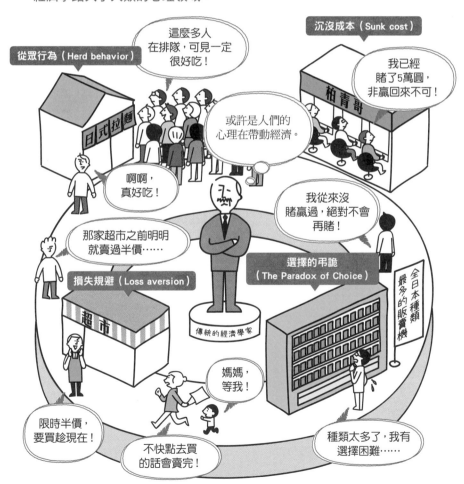

經濟學家的深切反省

03

人不會永遠做出「應有的行為」

人類是一種禁不起誘惑的生物，經常會做出不合理的舉動。

　　若你回顧自己短期內的判斷和行為，會發現那並不像傳統經濟學所預設的那麼理性。在大學上課時，很多學生都會被瞌睡蟲誘惑而無法專心聽課，若要透過學習來鍛鍊自己的能力，上課睡覺理應不是一件理性的事。但若長遠來看，人會學乖，懂得逐漸修正不理性的行為，往應有的方向前進。

人會做出不理性的事

人有各種欲望，明知道那樣做不理性，還是會受到誘惑。

我們常後悔自己做過的事，但即使當初就知道事後會後悔，還是會受誘惑，人心就是這麼脆弱。無論是追求眼前一時的滿足感，抑或是拒絕誘惑都會讓我們感到後悔，這就是人的「天性」。你仔細回想就會發現**人經常做愚蠢的事**，例如熬夜打麻將、唱 KTV 或喝醉酒。

人往往會追求當下的滿足感

經濟學家的
深切反省
04
人們想法不同，
會採取不同行動

我們每個人想法不同，有的人會有特別的堅持，
而這些心理將會帶動經濟。

　　若我們放眼世界，會觀察到抱著各種想法的人為了獲得滿足感而工作，用金錢或物品進行交易。我個人不玩電動遊戲，但世上喜歡打電動的人多如牛毛，所以任天堂的 Switch 之類的遊戲機才會熱賣。這背後其實有著重要的涵義：「若能提供多數人都想要的東西，就能獲得利潤。」

每個人想要的不盡相同

人的喜好不盡相同。此外，就每項商品而言，想要的人數也不一樣。

葡萄酒一定要喝波爾多的！

我終於蒐集到稀有的郵票了！

太棒了，是Switch耶！

送你生日禮物！

我只要有財富和健康就夠了。

所有人都平均掌握質與量相同的資訊，所有資訊都反映在股價和物價上──這是傳統經濟學預設的世界，但這樣子貿易是不會成立的。正因為每個人的想法都不一樣，貿易才會成立，找到不同的價值，進而推動經濟。**是人們「想要」、「羨慕」和「想營利」的心理帶動著經濟。**

傳統經濟學預設的世界

在傳統經濟學預設的世界裡，所有人都擁有完備的知識，因此物品都是同一價格，人們也不會在購物時議價。

經濟學家的
深切反省
05

學者開始對
經濟學的觀念產生疑問

傳統經濟學對於不合情理的事已經放棄說明,而學者對傳統
經濟學的反省正活用在行為經濟學上。

　　傳統經濟學設定了一個前提:「市場是有效率的。」這代表所有會影響該上市公司股價的資訊都會毫無遺漏地反映在它的股價上。換句話說,一家公司的股票價格(或商品價格)都是一定的,這稱為**「單一價格法則」(Law of one price)**。然而,每次一有新聞,股票價格就會大幅震盪,有時大阪和東京證券交易所的股價甚至不一樣。由此可見,金融市場不一定永遠都是有效率的。

「單一價格法則」是什麼?

在完全競爭(perfect competition)的情況下,同一時間、同一市場的同性質商品只有一種價格,這就是「單一價格法則」,但這個法則在現實世界行不通。

傳統經濟學一直以來都放棄解釋那些不合情理的現象，這是它最大的問題。經濟學家總是任性又理直氣壯地說：「依時空、狀況和市場不同，或許會發生股票價格不同等不合理的現象，但這不在我們的預料中。只要用長遠的眼光來看，傳統經濟學的理論就有效。」他們並未修正理論，而是宣稱「那是例外情況」（稱為「異常」，anomaly），以此矇混過去。針對這一點加以反省，將會促進經濟學理論有更進一步的發展。

為什麼人會做出不理性的舉止呢？

經濟學家的
深切反省

06

人們擁有的資訊
並不對等

傳統經濟學預設的條件是「人擁有完備的知識」，但現實中並不是每個人都知道同等的資訊。

經濟學家經過檢討之後，建立了**「資訊不對稱」**（Information asymmetry）這個比較新的理論，它是指「有些人掌握了許多有用的資訊，但有些人卻不是如此」。和新商品或醜聞等有關的事情只有特定從業人員才知道，這稱為「內線消息」（Inside information）。相關人士知道他們所任職的企業機密，但一般人無從得知，所以資訊是不對等的。

什麼是「資訊不對稱」？

引擎室很乾淨，骨架完全沒有生鏽。沒想到會挖到這種寶物……

買新車時……

車子的品質和性能都寫在型錄上，賣家和買家之間的資訊可說是對等的。

經銷商以幾乎免費的價格取得

這和新車沒兩樣！

成交！

第1年 第2年 第3年 第4年 第5年

因颱風而成泡水車

買二手車時……

價格取決於使用年份、磨損或劣化的程度，但這些和車子品質有關的資訊在賣家和買家之間是「不對稱」的。

二手車市場就是個例子，賣方（經銷商）擁有一切和二手車有關的完整資訊，包括引擎內部受損、車子曾經泡水等等從外表看不出來的祕密。另一方面，買方卻沒有這些資訊，這就是「資訊不對稱」。若這種情況持續下去，會有越來越多買家擔心自己被經銷商糊弄。要是不解決「資訊不對稱」的現象，就連市場本身都有可能消失。

「資訊不對稱」所帶來的其他害處

● 逆選擇（Adverse Selection）

若資方將僱用優秀人才與庸才的薪資平均後，再提出這樣的條件去徵人，無法吸引傑出人才前來應徵，反而可能只招募到平庸的應徵者。

● 道德風險

道德風險（Moral Hazard）是指「缺乏倫理觀」。以汽車保險為例，有一份報告指出許多車主在納保之後反而會鬆懈，引發交通事故。

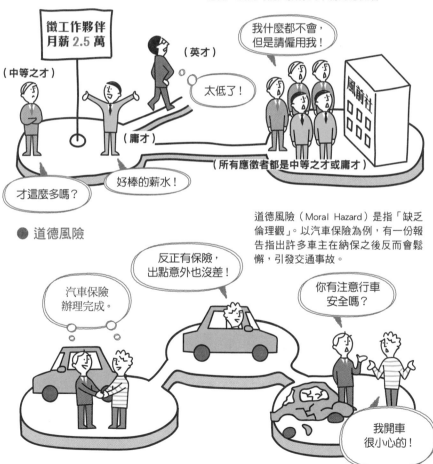

經濟學家的深切反省
07

我們的心理會影響景氣

人家經常說「景氣好」或「景氣差」，但實際上，是我們的「心」在影響景氣。

根據字典的定義，「景氣」是用來表示廣義的經濟狀況。GDP（國內生產毛額）成長就代表經濟成長，景氣良好；相反地，若 GDP 是負值，就表示景氣不好（不景氣）。當經濟成長，人們的心理自然會產生餘裕，願意冒險投資，於是股價就會上漲。

當景氣不好時……

當大家都認為景氣不好，就會減少消費等支出，景氣就會變得更差。

也就是說，景氣由心生，**我們的心理會對經濟帶來無法忽視的影響。**假如自己一個人在家，沒有說話的對象，心情也好不起來，沒有心思花錢找樂子，當這樣的人變多，經濟活動就不會興盛，容易停滯。相較之下，假如能和親朋好友相聚一堂，大家就會一起外出用餐或購物，促進消費，為經濟注入活力。

當景氣好時……

若大家都認為景氣很好，就會頻繁消費，景氣便跟著熱絡起來。

獲得「搞笑諾貝爾獎」的行為經濟學研究

行為經濟學家丹‧艾瑞利教授的研究證實，心情的變化能夠改善身體不適。

「病由心生」是心理會影響生理健康的意思。美國杜克大學的丹‧艾瑞利（Dan Ariely）教授曾經做過「病由心生」的研究，證實「藥品的價格會影響藥效」。此外，即使是同一個品牌的能量補給飲料，以定價販售和以低價販售所得到的效果也不同。

丹‧艾瑞利教授的研究

昂貴的假藥會比便宜的假藥有效嗎？

2.5 美元的止痛藥（假藥）

疼痛緩和了！

0.1 美元的止痛藥（也是假藥）

沒什麼效果耶……

丹‧艾瑞利
（1967~）

生於以色列的行為經濟學家、杜克大學教授。NHK 教育台曾在 2014 年播出他的節目《金錢、情緒與決策的白熱化教室》（暫譯，お金と感情と意思決定の白熱教室），引發話題。

這就是有名的「安慰劑效應」（Placebo effect）研究。當病患認為安慰劑（假藥）有效並服用它，症狀就會改善。丹‧艾瑞利教授因為發現「安慰劑效應」而受到肯定，在 2008 年獲得搞笑諾貝爾獎。實際上，醫學界正在努力解開心理與疾病的關係，其中，「笑」能增強免疫力的研究也包括在內。景氣由心生，病也由心生，**「心理」很可能會大大改變我們的人生。**

和疾病一樣，景氣也取決於心理

先不管實際的景氣如何，人們認為「景氣好」時會多多消費，讓景氣好轉。

09 經濟學家的深切反省

不同層次的欲望

人的欲望有好幾種層次。美國心理學家亞伯拉罕·馬斯洛將人類的欲望分成 5 個層次來論述。

我們有七情六欲，而且欲望無窮無盡，例如即使在減肥，肚子餓了還是會吃東西；吃飽穿暖之後，還想要彰顯自己的存在。從經濟的角度來說，想要賺錢（追求獲利＝對財富的欲望）是商業的原動力，追求成功和利益的意氣和野心是**動物本能（Animal spirits）**。

馬斯洛需求理論

馬斯洛說，人類的需求就像是 5 層的金字塔，當低層次的欲望獲得滿足，人就會追求更高層次的欲望。

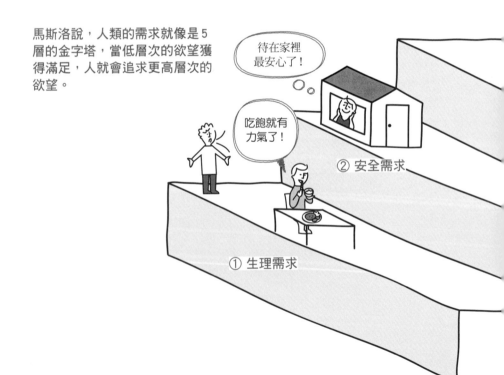

待在家裡最安心了！

吃飽就有力氣了！

② 安全需求

① 生理需求

美國的心理學家亞伯拉罕‧馬斯洛（Abraham Harold Maslow）將人的需求分成簡單易懂的 5 個層次，亦即**「馬斯洛需求理論」（Maslow's Hierarchy of Needs）**。他主張，人會依序滿足自己的生理需求（呼吸、進食）、安全需求（確保自身安全與工作）、社會需求（友情與親情）、自尊需求（擁有自尊心與他人的尊敬）以及自我實現需求。一般來說，隨著社會越進步，人們追求的層次也越高。

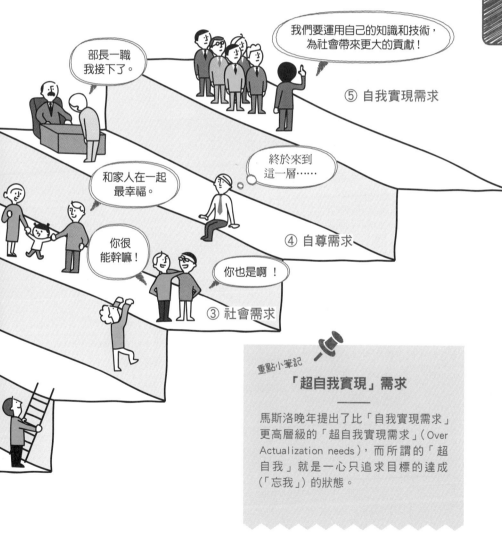

我們要運用自己的知識和技術，為社會帶來更大的貢獻！

部長一職我接下了。

⑤ 自我實現需求

終於來到這一層……

和家人在一起最幸福。

你很能幹嘛！

④ 自尊需求

你也是啊！

③ 社會需求

重點小筆記

「超自我實現」需求

馬斯洛晚年提出了比「自我實現需求」更高層級的「超自我實現需求」（Over Actualization needs），而所謂的「超自我」就是一心只追求目標的達成（「忘我」）的狀態。

經濟學家的
深切反省

10

行為財務學是一門
什麼樣的學問？

行為財務學（Behavioral finance）是行為經濟學的一個次領域，
它可以用來解釋傳統經濟學無法解釋的現象，例如泡沫經濟。

　　行為經濟學有個次領域稱為行為財務學，它關注的是實際在金融市場上活動的人，透過觀察那些人的心理來為股價和金融市場的波動做出符合現實的分析。金融理論（Finance Theory）是傳統經濟學的次領域之一，它設下了「市場是有效率的，投資者（人）是很理性的」這樣一個前提，但行為財務學並沒有這樣的前提。

行為財務學的定位

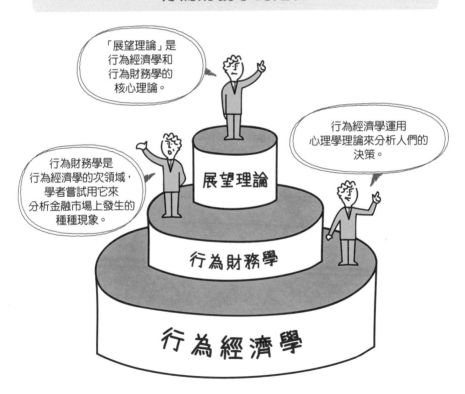

「展望理論」是
行為經濟學和
行為財務學的
核心理論。

行為經濟學運用
心理學理論來分析人們的
決策。

行為財務學是
行為經濟學的次領域，
學者嘗試用它來
分析金融市場上發生的
種種現象。

展望理論

行為財務學

行為經濟學

行為財務學的概念能夠解釋舊有金融理論放棄解釋的「異常」（Anomaly）。舉例來說，傳統的經濟學會將「網際網路泡沫」（Internet bubble）等投機泡沫事件當作「不可能的現象」或「一時的特例」並拒絕面對，然而行為財務學卻正視泡沫經濟，運用心理學知識來探討投資者是基於什麼樣的心理在買股票。此外，學習行為財務學對於「如何運用個人資產」也有助益。

傳統財務理論與行為財務學理論

· 預設「人是理性的」
· 理論上，泡沫經濟不存在
· 主張「長期均衡理論」

傳統財務部門

行為財務部門

結果完美地符合預測。

對不起，我們弄錯了。

本部門理論上不可能出錯。

很抱歉，看來是本公司的預測太樂觀了。

股價會按照公平價格（※註）浮動。

股價出現了奇怪的波動！

長期來看，本部門比較準確。

· 人會犯錯，不一定總會做出理性的經濟活動。
· 有可能出現不自然的股價變動（泡沫經濟）。
· 適合用來解釋短期的變化。

傳統經濟學難以解釋短期的股價變動。

※ 註：公平價格（Fair value）是理論上公平公正的價格。

「經濟學也會做實驗」
是真的嗎？

經濟學也是會做實驗的，研究者會找來一群實驗的參加者（受測者），進行「心理如何影響行為」的實驗，這門學問稱為「實驗經濟學」（Experimental economics）。舉例來說，研究者會在電腦上製作虛擬的金融市場，實際調查損益和資訊量會如何影響受測者進行投資。除此之外還有許多實驗，用以了解人們做出的各種經濟行為。

1948 年，哈佛大學的愛德華・錢柏林（J. Edward Chamberlin）發表了一篇論文，名叫《實驗性的不完美市場》（暫譯，An Experimental Imperfect Market）。2002 年，查普曼大學（Chapman University）的弗農・史密斯教授（Vernon Lomax Smith）因其對實驗經濟學的理論發展有所貢獻而榮獲諾貝爾經濟學獎。和傳統經濟學有關的研究可說已經走到盡頭，在某種意義上，推翻舊有前提的嶄新構想和研究會增加是理所當然的。

chapter

3

行為經濟學的
基本理論

人的思考總會在不知不覺中陷入窠臼。
在這一章，我將要解說行為經濟學的基礎
理論，以及人們做出不理性決策的過程。

人會根據
「直覺」來做決策

我們有時會用直覺來概括事物，藉此做決定，這在行為經濟
學中稱為「捷思」。

「捷思」（Heuristic）是一種 **「概括事物」** 或 **「以直覺來理解事物」** 的方法，
簡單來說，就是只花一點點心力就馬上做出結論。假如有人問你：「日本上班
族的平均年收入是多少？」時，你想起最近在新聞報導上看到的數字，便根據
記憶回答「400 萬日圓」（根據日本國稅廳所做的 2016 年度民間薪資實況統
計調查結果，日本人的平均薪資是 421.6 萬日圓），這就是「捷思」的一例。

簡單掌握複雜資訊的心理運作

這些圖形的
共通點是什麼？
請憑直覺回答！

我看看⋯⋯
它們都是圓的？

上面的各種圖形裡，包括中空的圓形、縱向和橫向的橢圓形等，但一眼望去應該會留下「幾
乎都是圓圈」的印象，這就是「捷思」。

「捷思」是指當我們以自己的方式去理解資訊，或是運用資訊對外做出反應時，不花長時間審慎思考，而是運用直覺來概觀事物並做出決定。這種心理變化經常發生在投資時，例如當新聞報導強烈颱風來襲，導致河川暴漲、橋梁或道路受損等災害時，投資者就會馬上購買建設公司的股票。

日常生活中使用「捷思」的例子

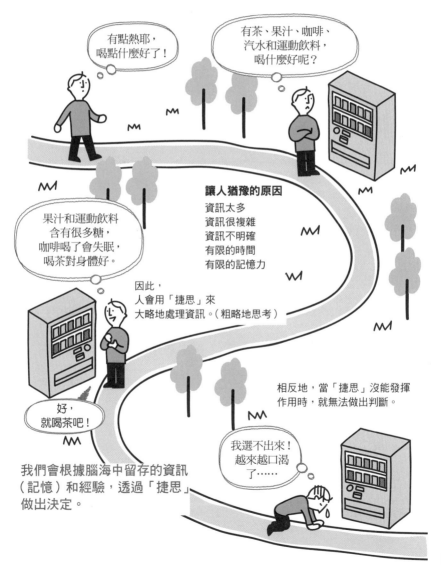

有點熱耶，喝點什麼好了！

有茶、果汁、咖啡、汽水和運動飲料，喝什麼好呢？

果汁和運動飲料含有很多糖，咖啡喝了會失眠，喝茶對身體好。

讓人猶豫的原因
資訊太多
資訊很複雜
資訊不明確
有限的時間
有限的記憶力

因此，
人會用「捷思」來大略地處理資訊。（粗略地思考）

相反地，當「捷思」沒能發揮作用時，就無法做出判斷。

好，就喝茶吧！

我選不出來！越來越口渴了……

我們會根據腦海中留存的資訊（記憶）和經驗，透過「捷思」做出決定。

將事物
想得簡單一點

「捷思」可分為好幾種，
其中「大略掌握資訊」稱為「簡化捷思」。

　　人在思考並試圖理解資訊時，會在無意中將複雜的內容簡化，這會幫助我們做出決策，四捨五入就是個很好的例子。進行四捨五入時，我們會忽略小數點之後的數字（細微的差異）。日本 2018 年的年度預算是 97 兆 7128 億日圓，把這個數字理解成「大約 98 兆日圓」就是 **「簡化捷思」**。

把複雜資訊「簡化」的例子

舉例來說，2017 年時日本人口為下圖所示，但通常人們都只記成 1 億 2700 萬人就夠用了，這便是「簡化」的一個例子。

日本人口有 **126,706,210 人**
（2017 年的數據，資料來自總務省統計局的人口統計。）

日本的人口大約是
1億2700萬人！

但是，當我們想要把事物「簡化」並進行最終決策時，有時候會因為不知道哪項資訊有用而使得思路在原地打轉。「簡化捷思」是個讓人能夠做出合理判斷的方法，但不一定永遠都是正確的。為了避免判斷錯誤，我們最好冷靜地區分重要和不重要的問題點後再來思考。

主要因子與次要因子

做決策時，我們必須區分「主要因子」（重要性較高）和「次要因子」（重要性低）。

要讓誰
入團呢？

選手 A
20 歲
打擊率 0.31

選手 B
24 歲
打擊率 0.32

選手 C
27 歲
打擊率 0.35

A最年輕，
C打擊率最高，
但他年紀也最大。
還是要折衷選B呢？
啊啊……
該怎麼辦才好？

未來性最重要，
就決定是A了！

「簡化」有時會讓我們搞不清楚哪項資訊最重要，所以要再次確認做決策的目的，明確意識到究竟是哪個因子最重要。

行為經濟學的基本理論

03

「資訊可得性」會影響決策

「資訊可得性」有兩種，其中一種叫做「物理可得性」，另一種叫做「認知可得性」。

人在做決策時會仰賴資訊，而當某一項資訊越容易取得，人們往往會有給予過高評價的傾向，這就稱為**「資訊可得性」**。報章雜誌、電視和網路上的資訊是任何人都能獲取的，屬於「物理可得性」很高的資訊。另一方面，我們的認知也會影響「資訊可得性」，例如在腦海中留下鮮明記憶的資訊和最近才知道的資訊比較容易被回想起來，這稱為「認知可得性」。

兩種「資訊可得性」

● 物理可得性

定義

物理上有能力或容易獲得的資訊。

實例

例如能夠從網路、報紙、電視或雜誌獲取的資訊。能否獲取這些資訊幾乎沒有個人差異。

● 認知可得性

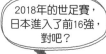

2018年的世足賽，日本進入了前16強，對吧？

日韓大賽時，日本贏了嗎？我忘了……

定義

鮮明地留在自己腦海中的資訊，或是最新資訊。

實例

每個人各自的記憶和知識。人在做決策時，經常會仰賴自己記得的資訊。

「認知可得性」的資訊也會受到「情緒」影響。當我們心情好時，往往會回憶起留下正面印象的資訊；相反地，意志消沉時，我們往往會聯想到負面的資訊。如上所述，人決定採用什麼資訊經常受到當下的環境和心情左右，因而無法永遠做出應有且理性的決策。

必須思考「需要什麼資訊」

這世上的資訊不可能讓所有人都能平等地運用，要獲取資訊有著各種限制。

● 以投資人為例

許多交易員（trader）和基金經理人（Fund Manager）都能查看智慧型手機 app 或公開市場操作檯（Trading desk），隨時隨地確認市場動向。有沒有這種權限會有很大的差異，所以要支付相應的費用。

● 以企業為例

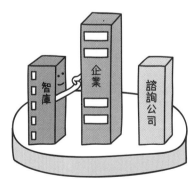
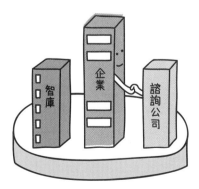

以企業來說，能夠運用在收集資訊上的預算很有限，即使企業和特定的智庫（綜合研究所）或諮詢公司簽約，也不可能和世界上所有的調查公司簽約。此外，每家調查公司的能力和擅長領域都不一樣，所以要冷靜思考自家公司究竟需要什麼樣的資訊。

行為經濟學的基本理論 04

想在當下擁有的事物中找出價值的心理

人的心理傾向維持現況,而不去嘗試新的事物,這在心理學上稱為「維持現狀的偏見」。

「維持現狀的偏見」(Status Quo Bias)是指人想要將一切**事物維持不變的傾向**。即使做出前所未有的全新嘗試,能讓自己得到比過去更高的滿意度或經濟價值,我們往往還是會對新嘗試給予較低的評價。換句話說,我們會把焦點放在新嘗試所帶來的缺點上,心想:「既然舊有的做法可行,為什麼非得改變不可?」於是,今天、明天和未來都會繼續投入和昨天相同的事物,並認為這樣做比較保險。

人會想要維持現狀

人有著「喜歡維持現狀」的傾向,其背後的心理是想要迴避選擇不同選項所帶來的不安和壓力(損失規避,Loss aversion)。

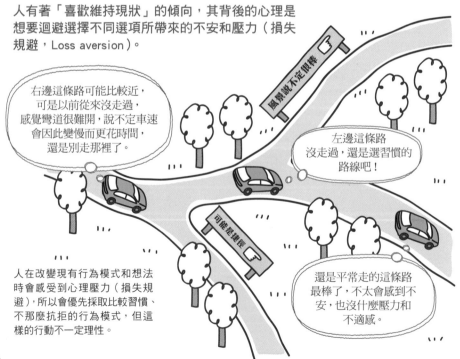

人在改變現有行為模式和想法時會感受到心理壓力(損失規避),所以會優先採取比較習慣、不那麼抗拒的行為模式,但這樣的行動不一定理性。

舉例來說，日本的電機製造商之所以缺乏競爭力，就是因為他們沉浸在過去的成功經驗中，固執地認為彩色電視機等家電用品只要用和過去相同的規格來生產即可。另外，持續使用特定品牌也是「維持現狀的偏見」的一種，每次都喝同一個牌子的啤酒就是個好例子。在行銷這方面，商人也會著眼於消費者這種想要維持現狀的心理。

日常生活中到處可見的「維持現狀的偏見」

我們總是想要避免損失，這是人之常情，就是這樣的心理促使我們優先選擇維持現狀。

重點小筆記

秉賦效果

「維持現狀的偏見」的背景因素是人們傾向對當下擁有的事物給予高度評價，這稱為「秉賦效果」（Endowment effect，或譯「自珍效應」），這意味著一項財物在不同人心目中的價值並不相等。舉例來說，股票持有人在出售股票時，出價往往比買家想像中來得更高。

行為經濟學
的基本理論
05

「外表占 9 成」
是真的嗎？

人往往會用第一印象來判斷人事物，這種心理傾向稱為「初
始效應」。

以前我曾聽過「人的外表占 9 成」這句話，回想起來覺得這種情況確實
很常見。假如一個人笑容可掬，我們很容易就會留下「他是個好人」的印象。
相反地，假如對方總是板著臉，我們會覺得他很可怕，和他攀談時也會戰戰
兢兢。這表示人事物的**第一印象**可能會為我們的認知帶來**決定性的影響**，這
稱為「初始效應」（Primacy effect）。

「外表很重要」是真的嗎？

人的「外表」會大大影響他帶給別人的第一印象。

如果要用諺語來比喻的話，「初始效應」就像「江山易改，本性難移」。人格由小時候的經驗和環境塑造而成，一旦形成，一輩子都無法輕易改變。一開始接觸到的資訊多半會深植在人的腦海中，若把收到的資訊按照時間先後順序排列，較早接觸的資訊將會發揮較大的威力。

人容易受到最初的資訊影響

A男，你將來要
當個政治家！

12 年後

我是這次
當選學生會長的A男，
我要在學校裡
進行改革！

一個人的人格由幼年時期的環境
和被灌輸的觀念塑造而成。

那個叫做松茸，
很難吃喔！

媽媽，
那是
什麼？

10 年後

松茸看起來
好難吃……

這些松茸
看起來好好吃！

是喔，
很難吃嗎？

比起後續才知道的資訊，一開始灌
輸到腦海中的資訊會帶來比較大的
影響。

行為經濟學
的基本理論

06

成績不好時，
要怎麼告訴爸媽？

先說「好消息」或先說「壞消息」，
會讓對方產生不同的感受。

如同字面所示，**「初始效應」**是指最初得到的資訊會大大影響我們做出判斷或決策。來看看下面這個常見的例子吧！還在讀小學的阿勉數學考了 80 分，國語考了 55 分。爸爸說：「如果你考到好成績，就買玩具給你。」請問，阿勉該如何向爸爸報告考試成績才能得到玩具呢？

得到資訊的順序會改變第一印象

他個性很差，
但是很優秀。

是喔，他個性很差啊……

優秀　　　　個性差

他很優秀，
但是個性很差。

是喔，他很優秀啊……

優秀　　　　個性差

按照「初始效應」的原理，阿勉應該這麼說：「大家都說數學很難，但我很努力，考了 80 分喔！因為我都把時間用來讀數學了，所以國語只考了 55 分，不過還是達到全班平均。」這樣傳達，爸爸應該會很高興地誇獎阿勉吧！相反地，如果阿勉一開始就說「國語只考了 55 分」，爸爸說不定會火冒三丈。

「初始效應」會影響我們的決策

冷靜一想會發現兩者其實都一樣，
但「初始效應」會讓人留下不同的印象。

行為經濟學的基本理論 07

最新資訊會影響決策

有個概念和「初始效應」相反,越新的資訊會留下比較深刻的印象,這稱為「新近效應」。

和「初始效應」相反,後來才得到的資訊或最新資訊也經常讓人留下鮮明記憶。舉例來說,我們很難回想起小時候都玩些什麼,但最近做過的事卻記得很清楚,這種情況應該很多人都體驗過。人往往比較容易回想起最新資訊,較舊的資訊怎麼樣都想不起來,這稱為 **「新近效應」**(Recency effect)。

日常生活中常見的「新近效應」

人在做出判斷時,會受到最新資訊的影響。

當我們使用單字卡背英文單字時，只記得最後面幾個單字，前面的單字卻想不起來，這也是「新近效應」的一個例子。此外，考試前一晚臨時抱佛腳之所以有用，也是因為「新近效應」發揮了效果。如上所述，最近才得知、學到的內容能輕鬆地留在記憶中，為我們的決策帶來相應的影響。

最新資訊會影響決策

A 正在煩惱要不要買新型汽車，於是便仔細查了新型汽車引擎的燃油效率和行駛性能，比較它和舊型汽車或他牌汽車的差異。

查了很多資料，那台新車好像不錯，不過先看看別人的評價好了！

看來這台車的設計不受年輕人歡迎，評價似乎不太好。

也參考其他網站好了！

最新評價

喵～～

①②
③

當他看了不同的網站，對新車的評價就會動搖，這便是最新資訊會影響判斷的「新近效應」。

行駛性能很棒！

評價果然很好！

行為經濟學
的基本理論

08

為什麼人們喜歡「跟風」呢？

人們在群聚時會比自己獨處時更安心，每當社會上掀起某種風潮，其背後往往是「從眾行為」（群眾心理）在運作。

從眾行為（Herd behavior）是指人想要成群結隊的心理現象，又稱為**「群眾心理」**。30 幾隻綿羊沿著小路前進，來到分叉口時，帶頭的綿羊沿著右邊的岔路前進，結果其他綿羊也跟在牠後面。除了動物之外，我們人類也會覺得成群結隊比較安心。

人和綿羊一樣？

左邊也有一條路，可是所有綿羊都跟著第一隻走。

▨ 人們喜歡成群結隊

綿羊具有跟隨領頭羊的習性，人類也有相同的心理傾向。

我們目前還不知道為什麼羊群會跟著一頭綿羊走右邊的岔路，但人和綿羊一樣，只要看到別人都在做什麼，就會在無意識中受到眾人的影響，因為從眾會讓人感到安心。以前電子寵物在小朋友的圈子裡很流行，那時許多孩子都說：「大家都有，我也想要！」這就是群眾心理的表現。

流行風潮的背後是「從眾行為」

原來現在
流行這種髮型啊！
我也想跟風。

班上好多人都是
這個髮型，我也來剪
這種髮型吧！

過半同學都留同
一種髮型！

A一點也
不可愛耶……
買B比較好吧？

玩具店

可是A現在很流行耶，
買A給我！大家都說它
醜得很可愛！

受到從眾行為的影響，
人有時會做出不理性的
選擇。

說十次「披薩」
暗藏什麼玄機？

腦海一開始接收的資訊會像船錨般控制人的心理，這在心理
學上稱為「錨定效應」。

當船停在海上時，為了不讓船被海流沖走，船員會「下錨」(anchoring)。
而在人類的心理上，一開始接觸到的參考資訊也會像船錨一樣控制我們的心理，
這就叫做**「錨定效應」(Anchoring effect)**。舉例來說，記者若問受訪者：「你
對將來懷抱希望嗎？」或是「你對將來感到不安嗎？」得到的回答應該會很不
一樣吧！假如採用後者這種問法，可以想見會有許多受訪者說出悲觀的回答。

在無意識中影響判斷力的「心之船錨」

不知不覺中固定
在心裡的船錨

錨定效應
（心之船錨）

☑ 錨定效應

灌輸到腦海裡的資訊會像船錨一樣，在你
沒察覺時影響你做決定。

小時候，有一次朋友要我說 10 次「披薩」，我照他的要求說了。接著，朋友指著手肘問我：「這是什麼？」我就充滿自信地回答：「膝蓋⁴！」說完之後覺得好丟臉。這也可以算是受到「錨定效應」影響的例子。

「錨定效應」會大大影響人心

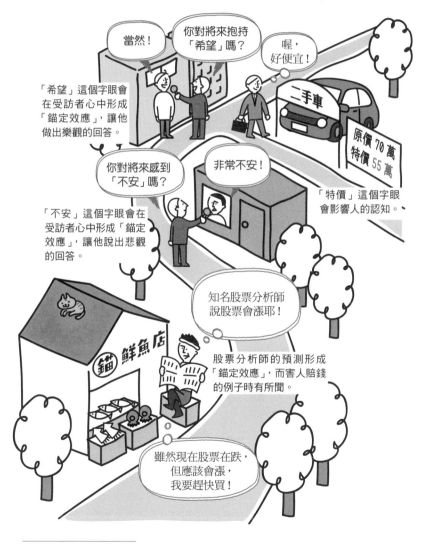

---

4 譯註：日文中，「披薩」與「膝蓋」發音相似。

行為經濟學
的基本理論

10 失敗是別人害的，成功是我的功勞

我們心中潛藏著想要恣意控制周遭狀況的欲望，而這也會影響我們的心理和行為。

控制欲是許多人都有的基本欲望，想要按照自己的意思操控（支配）周遭的情況。控制欲會影響我們的專注力，有個實驗是讓兩組受測者在噪音中工作，其中一組擁有能夠關掉噪音的權限，但條件是盡量不要關掉它。結果，有權關掉噪音的組別工作成效比較優秀。

控制欲是人類的基本欲望

有一份報告指出，只要給這些作業員一個能夠關掉噪音的開關，他們的工作效率就會提高。由此可以看出，當人能夠憑著自身意志控制環境時，專注力也會變高。

「控制欲」有兩種，一種是認為自己有能力掌控周遭的狀況，另一種則是認為事情的肇因出在別人或外部環境上。前者會發生在成功的時候，後者則是會讓人在失敗時找藉口。「把成功當作自己的功勞，把失敗歸咎於外界」是人們常有的心理。

行為經濟學
的基本理論

11

轉盤連續轉出 3 次黑色，
下一次絕對是紅色！

人所做的預測不一定會和統計學理論一樣客觀、有條理，要
小心別受到主觀意識的影響。

基於主觀感受而高估特定事件的發生率，這種心理稱為「**賭徒謬誤**」
（**Gambler's fallacy**）。即使特定事件的發生機率是固定的，但人有時候還是會期
待它有更高的機率會發生。這種基於主觀認定而誤判客觀機率的例子不只會發
生在賭徒身上，就連投資家也經常陷入這種謬誤。

主觀感受讓人高估了機率

好，來買股票吧！

股票連續9個
交易日都下跌，
明天應該會漲才對！

即使股票連續9天都下跌，
我們也很難以客觀且具有
說服力的方式證明股票在
下一個交易日會上漲。

儘管如此，
人們還是經常基於主觀認定
而做出不理性的判斷。

以賭場的轉盤為例，若連續 3 次轉出黑色，人們會直覺地認為下一次轉出紅色的機率較高。然而，轉盤是種每次都各自獨立的遊戲，上一次的結果不會影響下一次的結果，因此轉出紅色或轉出黑色的機率都一樣高。這樣一想，就會發現「下次絕對是紅色」的想法並沒有合理的根據，這就是「賭徒謬誤」。

主觀會影響預測

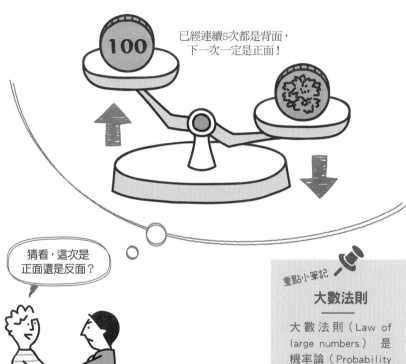

已經連續5次都是背面，下一次一定是正面！

猜看，這次是正面還是反面？

根據「大數法則」，擲硬幣時出現正面或反面的機率各是50%。不過，上圖的情況只擲了 5 次，在執行次數較少的情況下，結果很可能不會是一半一半。

重點小筆記

大數法則

大數法則（Law of large numbers） 是機率論（Probability theory）的基本法則之一。當一個事件（例如擲硬幣）反覆發生多次，隨著次數變多，特定結果（擲出正面）出現的次數會越來越接近理論上的機率，亦即二分之一。

失敗真的是
成功之母嗎？

　　有句話說：「失敗為成功之母。」嚴格而論，如果能夠一一檢視自己做決策的過程，面對失敗的原因和失誤的地方，下一次應該就能得到更好的成果。舉例來說，假設企業有一項新事業的收益不如預期，繼續了一段時間，最後還是中止了。當時是不是老闆太想讓這項事業成功，過於執著而無法趁早收手才決定繼續呢？又或者，會不會是專案負責人深信自己的判斷無誤，自我欺騙並繼續經營這項新事業呢？如果想要成功，就必須檢討有沒有這種可能性，並釐清失敗的原因。

　　若要仔細探討失敗的原因，就必須正視自己的無能並面對重要的課題，這往往令人退卻。但是，能否克服這個弱點，或許就是「失敗為成功之母」的祕訣。

chapter

泡沫經濟
為什麼發生？

截至目前為止，世界上發生了各種泡沫經濟。
若要解釋這些現象為什麼發生，
行為經濟學是一門很管用的學問。

「泡沫經濟」是什麼？

包括 1980 年代的日本泡沫經濟在內，到目前為止世界上其實
發生了許多泡沫經濟現象，但傳統經濟學卻放棄解釋它們。

「泡沫經濟」 是指資金大量進入股市和房地產，使得價格高到無法用情
理解釋的經濟現象。所謂的無法用情理解釋，就是股市或房地產的價格水準
（公平價格）高於傳統經濟學預估的應有價值。當泡沫經濟發生時，許多人
會想要獲利而爭先購買價格正在上漲的資產。

什麼情況叫做「泡沫經濟」？

從 1985 年到 1989 年底，日本的股票和房地產發生了「泡沫經濟」。從泡沫
經濟的歷史來看，假如價格在 3 年內飆漲了超過 3 倍（或 4 倍），最好就要
懷疑是泡沫經濟。

3 年後

我要用
1億跟你買
這些土地
和建築物！

地上的建築物
是1000萬日圓，土地
是2000萬日圓。

嗯，雖然是
二手屋，但看起來
不錯！

不可能啦！
我還有繳固定
資產稅耶，
要賣嗎……

當我們把肥皂放到水裡溶解，再用吸管往肥皂水裡面吹氣，就會產生許多泡沫，當泡沫膨脹到極限時，它們就會瞬間破掉。如同我們很難事先預測泡沫什麼時候會破掉，股市之類的「泡沫經濟」也一樣。股市價格飆漲到不合常理的程度，到了某個時間點就暴跌，這便是「泡沫經濟」。

「泡沫經濟」究竟是什麼？

● 泡沫經濟：像泡沫一樣沒有實心，卻膨脹得很大。

泡泡雖然膨脹得很大……

一旦破掉，就什麼都沒有了。

● 1980 年代日本的泡沫經濟

股價

空地

已售出

股價

股價

🖎 地價

在泡沫經濟期間，包括東京和大阪等都市在內，日本各地的土地價格都急速上漲。

🖎 股價

1985 年的年中，日經平均股價約為 12800 日圓，但到了 1989 年 12 月底卻漲到 38915 日圓（以收盤價為準），之後暴跌。

4
泡沫經濟為什麼發生？

泡沫經濟為什麼發生？

02

泡沫經濟與個人無關嗎？

聽到「泡沫經濟」可能會讓人覺得很可怕，但如果能好好利用泡沫經濟，或許就能扭轉人生。

泡沫經濟會為每個人的人生帶來不容小覷的影響。如果你好好利用泡沫經濟，就能夠增加自己的資產。相反地，當股價順勢上漲，周遭的人都沉浸在「股價肯定會一直漲上去」的狂熱中時，要是你也跟進，就有可能被套牢，也就是**「買在最高點」**。要是泡沫經濟崩盤，你就會蒙受很大的損失。

如何避免「買在最高點」？

在泡沫經濟膨脹時，人們會產生「買了之後會漲，漲了之後要買」的市場心理，要是陷入這種心理，就很有可能會買在最高點。若要避免這種情況，就要先訂下自己的規則，例如漲了20%就賣掉。

應該有很多人覺得：「飛速飆漲又暴跌的泡沫經濟太可怕了！」但實際上沒這麼困難，只要在股價大幅下跌時分次購買股票，接著再等它上漲即可。用高價買下股票有很大的機率會賠錢，導致你之後不敢投資，錯過累積資產的機會，於是這便成了左右你往後人生的問題點。

「買在最低點」的祕訣

根據主要企業的業績或經濟成長率，推測未來的經濟環境會向上或向下發展。

● 觀察企業的業績

觀察企業過去的業績，就能夠看出這家企業有沒有成長，正處於什麼樣的階段。

● 不要貿然出手

儘管股價稍微下跌，但說不定還沒有探底，要小心別貿然出手。「忍耐」在投資上是很重要的。

● 在股市整體都大幅下跌時才買

股票暴跌時是大好機會，最好分批、分次買進，才能買在大幅下跌的時候。

泡沫經濟隨時隨地
都在發生

1980 年代後期，人們毫無根據且過度樂觀地認為「日本的房地產和股市會持續上漲」，就是這種想法引發了泡沫經濟。

　　泡沫經濟隨時隨地都在發生。從以前到現在都發生過股票（金融資產）價格或房地產（實質資產）價格大幅成長的情況，規模有大有小，但都很難用情理解釋。要引發泡沫經濟有兩個必要因素，亦即**「貨幣過剩」**和**「對成長的高度期待」**。中央銀行會調降利率，供給貨幣（金錢）來支撐經濟，而這會導致「貨幣過剩」。在這種情況下，人們會更加期待房地產價格上漲，使得價格開始攀升，結果，買氣越來越旺，人們信心大增，價格又飆得更高，進而形成泡沫經濟。

關鍵詞是「貨幣過剩」和「期待」

當中央銀行為了防止景氣惡化而調降利率時，就會形成貨幣在社會上大量流通的「貨幣過剩」狀態，於是人們對經濟成長就會產生過大的期待，對未來太過樂觀。

中央銀行會調降利率，藉此支撐景氣。

供給的資金沒有投資在設備上。

由於「貨幣過剩」，資金流入「具風險資產」（Risky asset）中，價格上漲促使許多投資人冒險投資，對經濟成長產生過高的期待。

資產價格肯定會更高！

人們毫無根據地過分樂觀，陷入「買了會漲，漲了又買」的迴圈，掀起購買股票或房地產的投機風氣，進而引發泡沫經濟。

快趁現在投資土地和股市！

在這裡，我就來告訴大家如何分辨大型的泡沫經濟。假如股票價格在開始上升後的幾年內漲了好幾倍，就有可能是泡沫經濟。1985 年初，日經平均股價約為 11000 日圓，但到了 1989 年底卻漲到 38915.87 日圓，這就是泡沫經濟。當年，人們心中抱著極高的期待，認為「日本的房地產和股市會永遠往上漲」，這甚至可說是「神話」了。重點在於，許多人都深信價格會漲，而這種想法並不一定理性。

泡沫經濟所導致的土地神話

之一

以前，有個神話是「房地產買了一定會增值」、「房地產具有絕對的價值」。

我買了很多土地！

拜託賣地給我！

到頭來終究只是神話。

※ 伊耶那岐神、伊耶那美神是日本神話中塑造日本國土的神明。

我買了更多土地了唷！

請賣更多土地給我！

之二

許多人都相信這樣的神話。只要拿土地去抵押，銀行就會不斷融資，導致房地產投資更加白熱化。

神話原來是夢一場……

之三

然而，由於飆漲的地價和實際的價值差太多，終於達到極限而使得房地產價格暴跌。銀行握有許多不良債權，日本經濟陷入長期低迷。

……

泡沫經濟為什麼發生？
04

從行為財務學的角度來看泡沫經濟

將行為經濟學應用在金融領域的理論稱為「行為財務學」。若要分析現代的金融市場，這是一門不可或缺的學問。

行為財務學是行為經濟學的次領域，它著重於人心的變動，而且不把泡沫經濟視為異常（Anomaly，例外的現象）。實際上，股票等資產的價格會受到人們的期待和想法影響，若有 10 位投資人，他們所認為的適當價格就有 10 種，可說是見仁見智。投資人必須在一定期間內確保利潤，而行為財務學會探討投資人的責任與群眾心理所造成的影響，在解釋泡沫經濟時能派上用場。

股價會受到人的想法所影響而不斷波動

若投資人有 10 個，就有 10 種不同的想法。當發生事件或傳出收購的風聲，這樣的一點小事就會影響群眾心理，甚至導致股價突然暴漲或暴跌。

傳統經濟學認為資產能夠用理論來推導出公正的價值。「單一價格法則」便是指單項物品只有一種價格，也就是公平價格只有一種，從不考慮物價會超過這個水準。此外，傳統經濟學還認為人是理性的，市場是有效率的，所以把泡沫經濟視為異例。然而，根據行為財務學的理論，**泡沫經濟絕對不是例外現象**。

A公司的股票好像要漲了！

那我去買A的股票了！

保險公司

機構投資人

機構投資人（Institutional investor）是指以法人身分運用資產的投資者，例如保險公司或投資法人。

你聽說了嗎？收購A公司的事。

什麼，真的嗎？

投資信託

不管怎樣，A公司的股票先維持現狀。

銀行

我要買A公司。

從企業現況來看，A公司的股價有點高耶……

海外投資人

是指居住在日本以外，有在買賣日本股票的個人或機構投資人。東京證券交易所第一部的交易金額中，有6～7成是來自海外投資人的資金。

泡沫經濟為什麼發生？ 05

想要避免損失的心理

人的心理有一種傾向，想要儘快保住利益，但對於損失卻想要盡量延後，而「展望理論」就解釋了這種心理。

行為經濟學的核心理論是**「展望理論」（Prospect theory）**，其涵義是「人們想要盡早確保利益，但另一方面卻想要將損失延後」。人在投資時會出現心理偏誤，想要馬上把上漲的股票賣掉，藉此確保利潤，面對股價下跌則是不願認賠並祈禱股票回漲，不馬上賣掉而是繼續持有股票。我們採取的行動，會視當下是賺還是賠而有不同。

投資人的心理

「展望理論」能夠解釋投資人不理性的心理。

趁還有賺的時候盡早賣掉吧！

再過一陣子應該會漲才對，現在先忍住不賣！

股票上漲時

獲利時，人往往很容易就滿足於當下獲得的利潤，不想要繼續冒險。

股票下跌時

出現損失時，人對風險的容忍度會擴大，遲遲不願認賠停損。

人們之所以不懂得停損（Cut loss），是因為「當初以為這股會漲才買」的認知與「股價下跌」的事實兩者對立，為了消除這種認知失調（Cognitive dissonance），便僥倖地想「之後就會漲了」並等待情況改善。然而，當泡沫經濟崩盤，股票行情將會瞬間下跌，使得投資人無暇消除認知失調而陷入恐慌，進而接連拋售股票，導致股價繼續暴跌。

投資人的心理與泡沫經濟

● 一般下跌的情況

投資人即使虧損，通常還是會期待情況好轉，不願意停損。

● 泡沫經濟崩盤的情況

這時會發生「賣了就跌，跌了又賣」的連鎖反應，人們對股價下跌的恐懼感將會席捲整個市場，導致大批投資人群起拋售，把所有能賣的都賣掉。

泡沫經濟
為什麼發生？
06

獲利時的喜悅和虧損時的傷心程度並不對等

獲利時的喜悅和虧損時的傷心程度可以用名叫「價值函數」的曲線圖來表示。

價值函數（Value function）能夠精準表現出人類心理在得失之間的波動。價值函數的橫軸代表相對的利潤（股價上漲或下跌的幅度），縱軸則表示自己感受到的主觀價值（滿意度），而原點則稱為**「參考點」**（Reference point），也就是用來判斷事物的基準點。無論獲利（第 1 象限）或虧損（第 3 象限），當得到或失去的價值離參考點越遠，我們對它的感覺就越小，這種現象稱為「敏感度遞減」（Diminishing sensitivity）。

賺錢時的喜悅與虧錢時的心痛

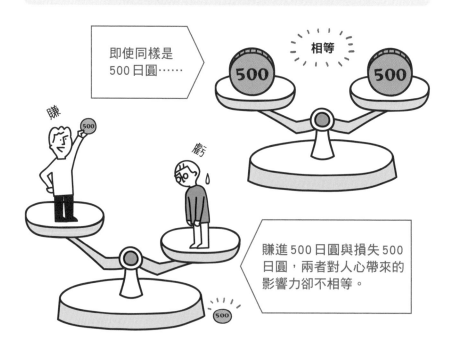

即使同樣是 500 日圓……

相等

500　500

賺

虧

賺進 500 日圓與損失 500 日圓，兩者對人心帶來的影響力卻不相等。

請看第 1 象限和第 3 象限的圖形。在虧損增加一個單位時，我們對此的敏感度比獲利增加一個單位時還要大，這在行為經濟學上稱為「損失規避」。據說，若將得到一千日圓和失去一千日圓的情況相比，賠錢的心痛程度是賺錢喜悅程度的 3 ～ 4 倍。

價值函數

如同以下的「價值函數」曲線圖所示，人類「想要避免損失」的傾向很強烈，這在行為經濟學上稱為「損失規避」。

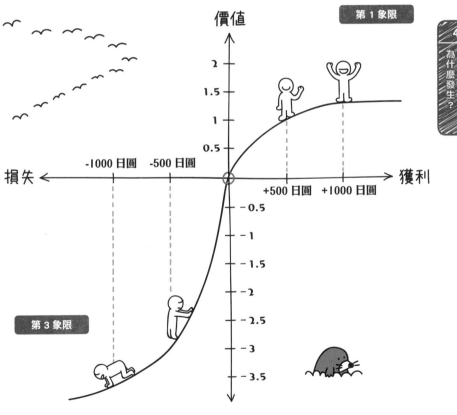

※ 註：數值僅供參考。

泡沫經濟
為什麼發生?

07

我有做外匯交易，
但都沒賺到什麼錢

似乎有很多人挑戰過外匯交易，但都沒賺到多少錢，原因可能是本章要介紹的這種心理。

在某項和展望理論有關的實驗中，學者發現**人們在獲利時與虧損時願意冒險的程度也不同**。獲利時，我們會比較想要迴避風險（不確定性或意料之外的結果）。當用 100 日圓買的東西漲到 120 日圓，讓我們賺了 20 日圓的差額時，我們會以確保利潤為優先，想要避開跌價的風險。相反地，當價錢跌到 80 日圓時，我們反而會祈禱價錢回漲，變得比較敢冒險。

外匯交易是高風險的投資

● 以股價來說……
某種程度上，我們能夠根據股票市盈率（PER）或股價淨值比（Price-to-book ratio，PBR）等指標來推導出「理論值」，算出大概的公平價格。

我看看……
C公司
目前……

● FX 交易的情況
匯率在短期內的變化很大，就連專家也很難預測。

完全搞不懂
是什麼原因讓
匯率改變……

※ 註：關於股份有限公司和外匯交易的匯率風險，至今仍然有各種不同的見解。

90

當你反覆買賣外匯保證金交易（Foreign exchange margine trading，FX），賺到的利潤卻不如想像中多時，上述的心理可以解釋這種現象。台幣換美金或台幣換日幣等外幣交易市場的匯率變動原本就很大（高風險，高報酬），所以只要稍微有點小賺，人會傾向先保住那些獲利。另一方面，當匯率出乎意料地下跌而造成損失時，人往往也很難認賠停損。

要靠外匯賺錢很困難嗎？

如果一直像這樣買賣外幣，損失往往會很大。

漲了20日圓！我要賣！

跌了80日圓。我不想虧錢，先看看情況再說。

漲了30日圓！賣掉吧！

跌了90日圓！這時候賣掉的話會虧……

漲了20日圓！

……待續

重點小筆記

鏡像效應（Mirror effect）

獲利時想要迴避風險，虧損時反而願意冒險。也就是說，當情況從獲利變成虧損時，我們做決策的方式就像照鏡子般完全相反。

泡沫經濟
為什麼發生？

08

人總在失敗時
找藉口

人們想要相信自己的決定是正確的，發現自己可能做錯決策時內心會很糾結，這種心理現象稱為「認知失調」。

當我們採取某種行動時，總會想要相信自己做了正確的決定。然而，儘管我們相信「股價一定會漲」，實際上股價卻跌了。這時，我們心裡對「股價上漲的期待」會與「股價下跌」的認知形成對立，這稱為**「認知失調」**。當「認知失調」發生時，我們會找藉口或做出對自己有利的解釋，例如將問題歸咎於市場，如此就不必面對失敗。

買賣股票時發生的「認知失調」例子

買賣股票的必勝法
惟有多研究！

我都這麼
努力研究了，
一定沒問題的！

當投資人花費很多心力研究，心裡就會產生很強的執念，有著不想承認失敗的傾向。當事情發展不如預期時，內心就會很糾葛，想要推卸責任。

對了！一定是
我參考的股票分析師
預測錯誤！

等結果
就好！

下跌了……

大受
打擊

不！
怎麼可能！
我做了那麼多
研究！

自我正當化

發生「認知失調」

人心很擅長找藉口，因為人不想承認自己的失敗和失誤，不願讓自尊心受損。發生虧損時，「不想承認自己失敗」的心理壓力會凌駕於「股價下跌」的事實。因此，比起 1000 日圓的獲利，同樣金額的損失會帶來更大的衝擊。為了不蒙受損失，人會將情況往有利的方向解釋，期待狀況好轉，這是人之常情。

日常生活中「認知失調」的例子

為了迴避心中的「認知失調」，人面對「自己沒做的那個選擇」會捨棄正面的想法，改用負面的想法來看待。

泡沫經濟
為什麼發生？

09

人為什麼
會買樂透呢？

主觀會讓我們錯估機率。「決策權重」可以解釋人們忍不住買樂透的心理。

「決策權重」（Decision weight）是個支撐展望理論的重要概念，它的曲線圖橫軸是「客觀的機率」，大家可以把它想成是根據統計學理論所得出的機率，而縱軸則是「決策權重」，也就是受到主觀評價所影響的機率。整張曲線圖給人的印象是較低的機率會被高估，較高的機率會被低估，而這就顯示出人們期望中樂透的心理。

日常生活中的「決策權重」

詳情請看下面的「決策權重」曲線圖。若把虧損和獲利的情況分開來想，我們在虧損時「高估低機率」和「低估高機率」的幅度都比較小，但在獲利時「高估低機率」和「低估高機率」的幅度都比較大。如圖所示，主觀感受會讓我們在評估時替機率加權。

「決策權重」的曲線圖

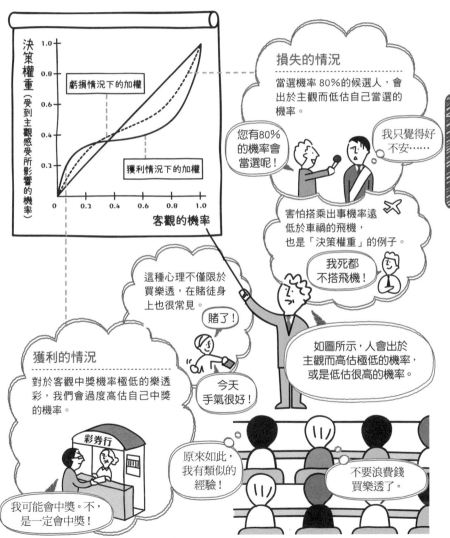

「億萬大亨」
——比特幣風潮的考察

泡沫經濟
為什麼發生？

10

只要人類還在從事經濟活動和金融交易，發生泡沫經濟的可能性就永遠存在，近年的比特幣風潮就是個好例子。

　　若要證明「泡沫經濟隨時隨地都會發生」，2017 年的虛擬貨幣市場是個很適合的例子。　從 2017 年的年初到年底，頗具代表性的**虛擬貨幣「比特幣」（bitcoin）** 從 1000 美元暴漲到將近 20000 美元。而它的價值之所以在短時間內大幅上升，除了本身的實用性之外，也是因為越來越多人深信它會增值，無論如何都想要購買。結果，靠比特幣賺進超過一億圓的「億萬大亨」便出現了。

比特幣的機制

我們平常使用的貨幣（現金）由政府和中央銀行發行並管理（法定貨幣），但比特幣並沒有公家負責管理（比特幣不是法定貨幣）。

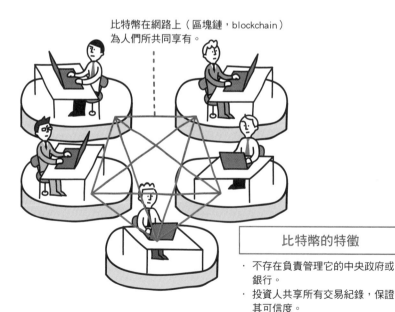

比特幣在網路上（區塊鏈，blockchain）
為人們所共同享有。

比特幣的特徵

· 不存在負責管理它的中央政府或
　銀行。
· 投資人共享所有交易紀錄，保證
　其可信度。
· 手續費便宜，匯款速度快。

進入 2018 年以後，比特幣的價值暴跌了。這可能有很多原因，但最主要的因素應該是人們對比特幣的高價產生警戒感而開始賣出，導致其他人也不斷跟進，使得比特幣迅速貶值。重點在於，人氣沸騰（需求增加）會使價格飆漲，有可能形成泡沫經濟，尤其是像比特幣這種很難計算出公平價格的東西也會發生泡沫經濟，影響我們的行為。

需求遽增導致泡沫經濟

● 17 世紀發生在荷蘭的「鬱金香狂熱」（Tulpenmanie）

◀ 有人把鬱金香從鄂圖曼帝國帶到荷蘭，當時只在貴族和商人等一小部分的收藏家之間買賣。

這是貴族的嗜好。

不久，法國開始謠傳「鬱金香球根可以賣得高價」，一般小市民也以投資為目的加入鬱金香市場。 ▶

好珍貴的花！

◀ 於是，人們用高價買賣罕見的鬱金香品種，據說最高級的品種幾乎和一棟房子等值。

我竟然為了這種東西賣掉田地和家畜……

接著，就連球根都變成了一種期貨 ▶
契約（Futures contract），但沒過多久，鬱金香的市價就暴跌了。

在經濟專家中，
也有人將近年的比特幣風潮評為「彷彿是『鬱金香狂熱』的再現」。

投資
有必勝法嗎？

　　曾經有人問我：「有沒有穩賺不賠的投資方法？」答案是「沒有」，但投資的鐵則倒是有，簡單來說就是：「便宜買進，高價賣出。」具體的方法則是在股票暴跌或泡沫經濟崩盤時買進。

　　儘管投資並沒有必勝法，但無論是哪個時代，市面上還是出版了許多宣稱投資有必勝法的書籍，這就代表讀者有這樣的需求。換句話說，我們不想虧錢，禁不起「穩賺不賠」的誘惑，這一點大概不管到了哪個時代都不會變。

　　特別是剛好有泡沫經濟正在發展時，過去從未報導投資相關議題的女性雜誌就會製作「投資必勝法」的專題，類似的講座也逐漸增加，這或許是越來越多人被高價吸引而開始投資的徵兆。

chapter

5

能應用在生活上
的行為經濟學

> 運用心理學理論的行為經濟學是一門和
> 「察知」有關的學問，它的理論能夠廣泛
> 運用在我們的日常生活中。

能應用在生活上的行為經濟學

01

「呈現方式比實質內容更重要」是真的嗎？

「初始效應」除了能應用在商業場合之外，對我們的日常生活也有很大的影響，外表和說話方式就是個例子。

　　「初始效應」是指「第一印象最重要」。當人接收到的資訊量變多，專注力就會下降，無法很專心地關注後續的資訊。「初始效應」在我們和別人對話時將會發揮強大的效果，也就是**要在一開頭就說出你想表達的重點**，這樣子比較容易讓對方留下印象，也會有更高的機率做出你期待中的反應。

求職者的第一印象非常重要

據說人的第一印象取決於外表（有各種說法）。

● 運用「初始效應」的5個要點

人的外表有5個要點會讓人留下最深刻的印象。不僅求職者如此，業務員等要面對人的職業也一樣。

說話
說話音量要剛剛好，語調要清晰而開朗。

服裝
服裝和髮型要端正整潔。

眼神
若目光游移，會給人「不穩重」的印象。

表情
表情不要太僵硬，露出自然的笑容最能留下好印象。

姿勢
抬頭挺胸，鞠躬的動作要好看。不翹腳。

如果大家和正在找工作的大學生交談，會發現他們相當注重自己的「外表」，新聞會報導他們不只把褐色的頭髮染黑或把耳洞蓋住，就連去企業面試時也會注意背包是否適合商業場合，不想讓人看一眼就覺得「這個學生不像話」，由此可知，初始效應也會大大影響日常生活中的行為。

談生意時，初始效應很重要

人家說業務員是公司的門面，運用初始效應營造出來的業務員形象將會大大影響商品和公司形象。

● 初次見面時打招呼

● 談生意時破題的方法

我們能滿足您的需求！

您好，請多指教！

開口打招呼時，語氣要開朗有活力。讓對方留下良好的第一印象，他才會想知道你的優點。

談生意時，一開頭就提出「我們的商品對您來說有這些優點」，對方才會想要繼續聽下去。

順便一提，「初始效應」對不太感興趣的對象有效，但對於原本就很感興趣的對象則是「新近效應」（P.66）比較有效。尤其是當你要和初次見面的客戶談生意時，要盡可能事先打聽對方是什麼樣的人，這樣做或許會派上用場。

5
能應用在生活上的行為經濟學

能應用在生活
上的行為經濟學
02

個人投資者
解讀企業業績的例子

初始效應不只影響你給別人的第一印象,也會影響你如何做
決策。

　　初始效應除了能應用在溝通上之外,我們在生活中許多做決策的場合也
會受到影響,以下就來試想個人投資者投資股票的情況。當你得知「A 公司
的營業額上升了 50%,但利潤卻比前一年少」,或是「A 公司的利潤雖然比
前一年少,但營業額上升了 50%」,會有什麼感覺呢?一開始就告知「營業額
上升」的那句話,應該比較能讓人產生好印象。

個人投資者如何看待企業的業績?

即使資訊內容相同,人還是會受到初始效應影響而對它留下不同印象。

人們很容易對他們最初聽到的情報留下印象,並且往往無法集中注意力
在隨後出現的訊息上。

當初始效應讓人覺得 A 是一家好公司時，人們想要買該公司股票的意願應該會更強烈，且往往不會仔細探究利潤為何減少就會直接買進股票，導致後來發生虧損。綜合以上所述，我們最好要意識到自己的決策很可能受到初始效應的影響，如此**可以降低判斷錯誤的機率**。

「印象」的威力甚至能影響國家大選

印象的威力不只能影響企業，甚至能動搖國家。在 1960 年的美國總統選戰中，共和黨的尼克森和民主黨的甘迺迪之間就上演了大逆轉。

◀ 選舉戰況原本相當拉鋸，但比起參議員甘迺迪，時任副總統的尼克森無論在知名度或政治經驗上都稍占優勢。

然而，在電視辯論會上，尼克森拒絕化妝，但甘迺迪卻化了上鏡的妝，在觀眾心中留下「年輕而充滿活力」的領導人印象。▶

◀ 最後，大選結果因當時留下的印象而大逆轉，由甘迺迪當選第 35 屆美國總統。另外，這場總統選戰也讓眾人察覺電視的重要性。

能應用在生活
上的行為經濟學

03

做簡報時，
要將重點濃縮成一個

「簡化」是個粗略掌握事物的方法，能夠精準地傳達重點。

　　所謂的「簡化」就是把事物拿捏個大概，例如「我國的經濟規模約為 500 兆圓」。儘管這有時會讓我們錯失重要的環節而判斷錯誤，但另一方面，我們卻也能利用「簡化」的效果，將自己想說的話精準傳達給他人。尤其是做簡報時，把內容濃縮成一個重點的「一點精華策略」會很有效。

以「簡化」手法來宣傳的例子

「簡化」不只能應用在書面文字或口頭告知的資訊上，使用影像也能發揮「簡化」的威力。

文字資訊太多	用影像呈現
若使用一大堆文字，受眾就必須費盡心思來研究什麼才是重點，造成他們的壓力。	為了訴諸受眾的直覺，有時候使用影片或圖片來宣傳比較能收到成效。

假設你的簡報主題是「景氣正好」，你可能會想到股價、僱用情況、企業業績與勞工所得等和景氣有關的因子，往往會認為上述這些全都要提到才行，但這樣子就沒完沒了。不過，如果將**論點集中**在「GDP 正成長就代表景氣好」如何呢？先解釋 GDP 是什麼、現實中 GDP 如何，並且舉出具體的例子，就能讓聽眾更加理解。

如何應用「簡化」來介紹景氣現況

做簡報時往往需要將論點濃縮，這樣子對聽眾來說會比較好懂，能夠簡短地傳達重點。

● 假如不「簡化」的話……

● 假如「簡化」的話……

能應用在生活
上的行為經濟學
04

「最終靠直覺」是正確的嗎？

上一節曾提到「簡化」可能會讓人誤判，但有時我們也不得不仰賴「直覺」。

做決策時，每個人都想要得到好結果，所以會花費時間和勞力預先了解。然而，到了決定「要不要去做」的時候，**最後往往會仰賴直覺**而不是邏輯。2018 年 6 月 19 日，日本大型網路二手交易平台「Mercari」股票上市，我問一位資深理財專員是否買了它的股票，對方回答：「我做了很多調查，最後出於直覺買了。」這種例子其實並不少見。

縮小研究範圍

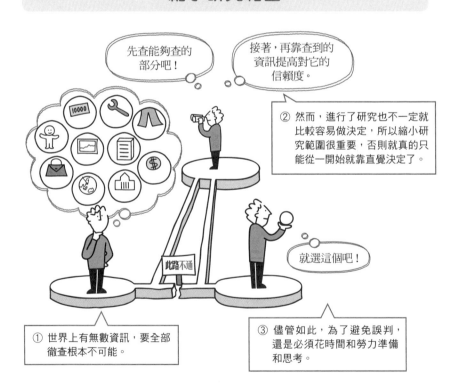

先查能夠查的部分吧！

接著，再靠查到的資訊提高對它的信賴度。

② 然而，進行了研究也不一定就比較容易做決定，所以縮小研究範圍很重要，否則就真的只能從一開始就靠直覺決定了。

此路不通

就選這個吧！

① 世界上有無數資訊，要全部徹查根本不可能。

③ 儘管如此，為了避免誤判，還是必須花時間和勞力準備和思考。

上段提到的，便是個在多方研究後仍然仰賴直覺來做決策的好例子。儘管人們都很期待 Mercari 的成長，但實際上究竟會不會成長很難說。無論是個人或企業，在投入新事物時都無法準確預測結果，因此最後多少都要仰賴直覺。這時，為了減少判斷錯誤的機率，就只能做好充分的準備，盡量把不懂的地方搞懂，如此一來就能左右需憑直覺下判斷時的結果。

有時最後也得仰賴直覺……

人類並不像傳統經濟學想的一樣，不會每次都做出理性的決策。

番茄今年夏天大豐收，大量進貨！

雖然有點猶豫，但直覺告訴我「沒問題」，就憑直覺吧！而且這小子很努力，讓他有個經驗也好。

根據市場調查的結果，公司決定通過你的專案。

八百萬蔬果店

我不玩股票了！我也要像他一樣靠外匯賺錢！

謝謝社長！

從傳單來看，其實超市的番茄比較便宜耶……

好在意競爭對手的動向。

我差不多也該自立門戶了……

晚餐要吃什麼呢？

雖然順勢買了這台車，卻還在想其他車款……

圓增公園 出口

■ 人並非總是理性的

無論是企業或個人，兩者在從事經濟活動時不可能每次都會做出完美無缺的「理性決策」。為了降低失敗機率，只能盡量多研究相關訊息和資料，徹查各種可能性。

能應用在生活
上的行為經濟學

05 押注冷門選項的心理

在賽馬中，和客觀的機率比起來，賭客押注冷門馬（在賽馬中獲勝機率低）的機率會大一些。

我們會對客觀來說發生率很低的事物抱持過大的期待，從賽馬中就很能看出這種傾向。在賽馬運動中，獲勝機率低的馬稱為「冷門馬」，但很多人都會選擇押注冷門馬，這就是**「冷門偏誤」**（Favourite-longshot bias）。另一方面，「熱門馬」受歡迎的程度卻不如客觀上的獲勝機率，這是個能觀察到「決策權重」現象的好例子。

「冷門偏誤」的心理①

購買馬券的人有時會比較偏好「冷門馬」（獲勝機率低的馬），而熱門馬（獲勝機率高的馬）受歡迎的程度反而比預估中還低。

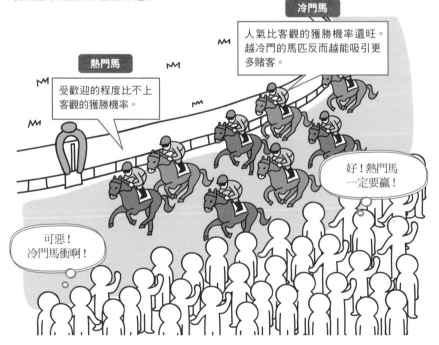

冷門馬
人氣比客觀的獲勝機率還旺。越冷門的馬匹反而越能吸引更多賭客。

熱門馬
受歡迎的程度比不上客觀的獲勝機率。

好！熱門馬一定要贏！

可惡！冷門馬衝啊！

2009 年，國稅局揭發某賽馬資料分析公司逃稅約 160 億日圓，這則新聞為賽馬迷帶來很大的震撼，該公司根據馬匹的血統和騎師的成績，購買了「3連單」（賭中前三名馬匹）的馬券。雖然這只是推測，但該公司應該是下注了更多賭金在勝率低的馬匹上，打著「中獎金額高於下注金額」的如意算盤。由此可見，該公司就是想要運用「冷門偏誤」來確保獲利。

「冷門偏誤」的心理②

當賭客某天賭輸了，他想要下注冷門馬以求谷底翻身的心理可能會越發強烈，也就是說，人在賽馬上會表現出喜愛冒險的一面。

一開始保守一點，賭熱門馬就好。

輸光光……

儘管有「冷門偏誤」這種心理，但一開始還是有許多人會選擇壓注獲勝機率高的熱門馬。

接著，到了最後一場比賽，賭客想要下注冷門馬的心理更加強烈，試圖藉由大逆轉來贏回當初輸掉的錢。

※ 賽馬結果不一定會如同自己的預測，是個風險很高的賭博遊戲。

複習

決策權重

比起機率比較高的事物，人會高估機率比較低的事物（參見 P.94）。

人們在賽馬上所採取的行動獲得行為經濟學家的關注，除了這節所介紹的之外，還有其他不同的見解。

能應用在生活
上的行為經濟學
06

為什麼
戒不了賭呢？

已支出且無論如何都無法回收的成本（費用）稱為「沉沒成本」。
賭徒的心理也能用這個理論來解釋。

「明知該收手，卻無法回頭」的心理並不少見，**「協和效應」（Concorde
effect）** 的理論便能加以合理說明。這種心理是指人會對過去已付出卻無法回
收的金錢（沉沒成本）特別執著，英法共同開發的超音速客機「協和號」便是
個好例子。在開發當時，早就有人提出「協和號難以獲利」的見解，但事業主
無論如何都想多少賺一點，繼續經營航班。最後，2000 年的墜機事件成了導火
線，使得協和號從此停航。

協和號的開發過程

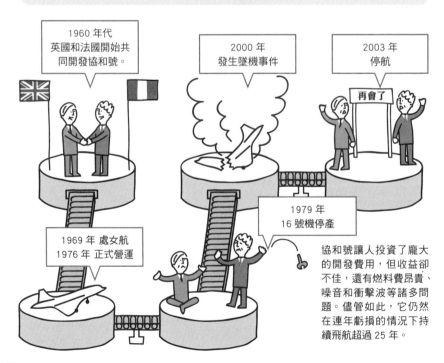

1960 年代
英國和法國開始共
同開發協和號。

2000 年
發生墜機事件

2003 年
停航

再會了

1969 年 處女航
1976 年 正式營運

1979 年
16 號機停產

協和號讓人投資了龐大
的開發費用，但收益卻
不佳，還有燃料費昂貴、
噪音和衝擊波等諸多問
題。儘管如此，它仍然
在連年虧損的情況下持
續飛航超過 25 年。

按常理來想，若有合理的依據證明一項事業無法獲利就應該收手，但不想認賠的心理卻會從中作梗，賭博就是個好例子。我有個朋友每週末都會去打小鋼珠，結果每打必輸。他說：「一旦開始玩，就必須回收賭金才行！」但實際上，花在小鋼珠上的錢（費用）是討不回來的，這就是「沉沒成本」。儘管花下去的賭金收不回來，但人們還是因為太想要回收沉沒成本而陷入賭博中無法自拔。

企業中發生「協和效應」的例子

「一想到之前投入的金錢和時間，就無法輕易收手……」這種心情雖然很好理解，但有時候還是要鼓起勇氣撤退。

過去所花的勞力和時間

過去投入的費用（成本）

已經
無法收回

這樣
划得來嗎？

① 若理論上能獲利，就繼續。

② 若做了一些改善措施（例如替換專案負責人）仍然無法增加獲利，與其追加資金，不如中止這個專案（要考量到「調度資金的成本，亦即利息調升」等因素，檢討未來是否真能獲得當初估計的利潤）。

然而，人和企業只要一想到當初花下去的時間和金錢，往往無法輕易收手。

能應用在生活上的行為經濟學 07

為什麼企業總會傳出醜聞？

有時候，人待在團體中會做出獨立思考時不會犯下的錯誤判斷。

　　和一人單獨作業時不同，當我們和團體一起行動時，往往會配合旁人。這是因為在團體中受到孤立會造成心理壓力，但後果就是我們會在組織中做出不恰當的判斷，引發錯誤、問題和慘劇。最近，日本的企業傳出醜聞，其背後的原因有可能就是陷入了 **「團體迷思」（Groupthink）** 。

可能是團體迷思的 8 個症狀

美國心理學家艾爾芬・詹尼斯（Irving Janis）根據美國歷史分析了「錯誤的政策」，將團體的心理傾向模型化，並歸類出 8 種「團體迷思」。

all right	shut out	justice	shut up
樂觀地認為我們絕對沒問題	無視外人的警告，不自我反省	自詡為正統，無視倫理與道德	對外部集團抱持偏見和輕視
no objection	keep silent	we agree	……
很難在組織內提出異議	對於「質疑組織的意見」有罪惡感	以「所有人意見一致」為前提	無視會推翻團體共識的資訊

我剛踏入社會時，某位前輩曾對我說：「人在屋簷下，不得不低頭。」意思是要我別和上司或影響力大的人爭辯，而是乖乖聽他們的話，這樣子對我的職業生涯比較好。因此，即使我覺得他們錯了，有時候還是很難開口指正。這精準地顯示人們陷入「團體迷思」的原因，它會導致組織做出錯誤的決策。因此，基於自己的判斷，提出正確的意見還是很重要。

避免「團體迷思」的對策

① 鼓勵大家表達異議和質疑　　② 領導人要按捺住自己的主觀意見

③ 向組織外部的專家求教

④ 從批判的角度來驗證也很重要

⑤ 不要急著有共識，
保留再討論的時間

能應用在生活
上的行為經濟學
08

選項太多
就無法決定

人們往往認為選項越多就越自由，能夠得到越大的滿足感，
但其實選項太多會為我們帶來壓力。

　　當選項越多，要從中選出一個就越困難。而且，即使果斷做出選擇，獲得的滿足感仍然比不上選項少的情況，這稱為**「選擇的弔詭」**。人們通常覺得選項越多就越自由，但當選項太多時就不得不多方比較，還會疑心生暗鬼地想：「我選的真的是最好的嗎？」一旦開始比較各個選項，思考到底要選哪個才好，就會沒完沒了。

選項太多會讓人有壓力

當選項太多時，人會害怕選錯或後悔，
內心感到迷惘，甚至無力。

根本不知道哪一種
對自己最好……乾脆
你幫我決定好了！

近年來醫療很進步，
手術也有很多種，有A、B和C，
麻煩你自己決定要選哪一個。
此外，你也可以選擇不動手術……。

人即使在煩惱一番之後做出了選擇，還是會懷疑「其他選項會不會更好」而後悔，對自己做出的選擇產生不滿。

請大家想像一下週末全家要一起出門用餐的情景。爸爸說：「隨便，吃什麼都好！」媽媽回答：「這樣根本不知道要吃什麼啊！」媽媽心裡說不定還在左思右想：「我想要吃日本料理，可是老公搞不好想吃牛排，實在不想事後還要聽他抱怨。」結果就交給爸爸決定。我想應該有很多讀者都有類似的經驗吧？

果醬實驗

美國哥倫比亞大學的希娜・艾恩嘉（Sheena Iyengar）教授做了一個實驗：在超市裡設立果醬試吃攤位，每過幾個小時就輪流供應 24 種果醬和 6 種果醬，並調查客人的反應。

實驗的結果是，雖然到攤位試吃的人數幾乎相同，但當攤位上只有 6 種果醬時，有 30％的客人會掏錢購買；當攤位上有 24 種果醬時，只有 3％的人購買。不過，若提供挑選的品項不同，再加上人的喜好和個性也不同，不一定總會得到上述的結果。關於這一點，學者目前仍在研究，也有各種不同的看法。

09

人為什麼
總是想要怪罪別人呢？

無論成功或失敗，視你如何歸咎原因而定，你往後的想法和行為將會有所不同。

「**歸因理論**」（**Attribution theory**）是指「人總是想要將事情的原因歸咎於某個人事物」的心理，因為我們**想要隨心所欲地控制周遭情況**，有時還會為了滿足控制欲而歸納出與事實不符的因果關係。舉個例子，假設你和朋友一起經營事業但失敗了，你認為原因是什麼呢？

我們往往會做出對自己有利的解釋

人會把「掌控得不好」歸咎於別人或狀況，至於「掌控得好」則是自己的功勞。

為什麼會失敗？

① 是他太大意了！
② 因為他無能！
③ 因為他偷懶！

答案：
不是我的錯

他

為什麼會成功？

① 因為我很專注！
② 因為我很能幹！
③ 因為我很努力！

答案：
我超棒！

我

常見的答案是：「會失敗是因為朋友沒有實力。」這就是「歸因理論」的心理。其實，若要評斷朋友的經營手腕和能力，必須花上好一段時間來仔細觀察，但我們卻不會這樣做，而是想要快速簡便地掌握情況，藉此解開心頭的疑惑。「歸因理論」的心理讓我們感覺自己理解了事物的原因和結果，但理解是否正確又是另一回事。此外，「將成功和失敗的原因歸咎於什麼人事物」是讓自己能否成長的關鍵。

歸因理論的4個模式

社會心理學家伯納德‧維納（Bernard Weiner）為「人如何歸咎成功或失敗的原因」做了相關的模型（歸因模型），劃分成4個象限：①自己可以控制且穩定的變因，亦即「能力」；②自己可以控制，但不穩定（很難維持在相同程度）的變因，亦即「努力」；③自己無法控制，但還算穩定的變因，亦即「工作的難度」；④自己無法控制，而且不穩定的變因，亦即「運氣」。

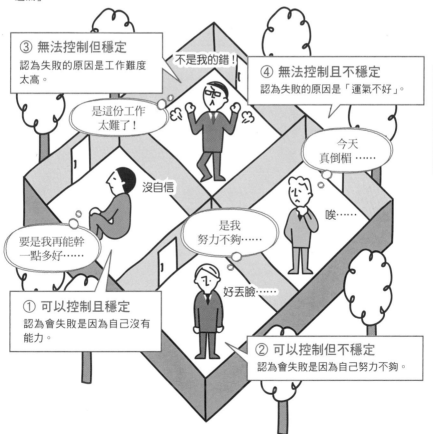

③ 無法控制但穩定
認為失敗的原因是工作難度太高。

不是我的錯！

④ 無法控制且不穩定
認為失敗的原因是「運氣不好」。

是這份工作太難了！

今天真倒楣……

沒自信

唉……

是我努力不夠……

要是我再能幹一點多好……

好丟臉……

① 可以控制且穩定
認為會失敗是因為自己沒有能力。

② 可以控制但不穩定
認為會失敗是因為自己努力不夠。

10 經驗會形成阻礙

我們在預測未來時往往會仰賴過去的經驗，但有時候經驗反而會妨礙我們做出理性的判斷。

如果要預測未來的狀況，我們通常會根據過去的經驗和實績來思考，這稱為**「高估因果關係」**。之所以說是「高估」，是因為從前的實績和經驗不一定是造成今後變化的原因，但也並不完全沒有因果關係。因此，我們必須慎重考慮，想一想過去的經驗往後是否也會以同樣的模式再次發生。

高估因果關係

預測處 A 準確預測了最近 2 場比賽的結果，但 B 都沒猜中。儘管如此，只根據這條資訊就判斷「A 比較準」還是太武斷了。這就是「高估因果關係」。

我們無法準確預測未來，未來永遠是不確切的，所以最好要準備很多套「劇本」，這樣做應該會更容易適應變化。但問題在於要準備很多套「劇本」很費時間和勞力，相較之下，根據經驗來預測未來比較方便快速。儘管如此，我們仍然必須小心提防**「被經驗妨礙而做出不理性判斷」**的可能性。

要如何面對「高估因果關係」

● 要精準預測未來是不可能的

事先設想到各種情況，應該就能適應變化。

未來是不確定的，最好要規畫多個「劇本」，事先沙盤演練。

● 日常生活中「高估因果關係」的例子

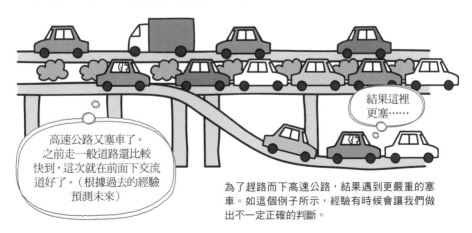

高速公路又塞車了。之前走一般道路還比較快到，這次就在前面下交流道好了。（根據過去的經驗預測未來）

結果這裡更塞……

為了趕路而下高速公路，結果遇到更嚴重的塞車。如這個例子所示，經驗有時候會讓我們做出不一定正確的判斷。

119

能應用在生活上的行為經濟學

11

人的心理在「記帳」時並不理性

同樣一個金額，人有時會覺得昂貴、有時會覺得便宜。人心在「記帳」時是經常浮動的。

人心永遠都在浮動，有時候覺得一罐茶飲賣 15 日圓很便宜，有時候卻覺得貴，這種主觀感受的差異就稱為**「心理帳戶」**（Mental Accounting）。「心理帳戶」是指人在做決策時會把每一條交易費用記在相對應的「心理支出」上，當我們覺得 15 日圓的茶飲很便宜時，就會在內心記上一筆「解渴的代價相當於 15 日圓」的支出項目。

「心理帳戶」並不理性的例子

這位主婦把 200 日圓的小黃瓜和便宜貨比較而感到昂貴，卻覺得花 2 萬 5 千日圓加購很便宜。

「心理帳戶」有時會讓人做出不理性的決策。假設某家企業執行了專案 X 和專案 Y，X 是老闆花費許多心思的專案，但它讓公司虧損，也沒有希望改善。Y 則是年輕員工發想的專案，但是能讓公司獲利。其實專案 X 應該中止才對，但事情並沒有這麼單純，因為負責人心中已經有了一筆「要幫老闆顧面子」的帳，明知道會失敗卻無法輕易放棄，與此類似的例子隨處可見。

情緒會影響「心理帳戶」

有各種各樣的心思會在無意識中影響心理帳戶……

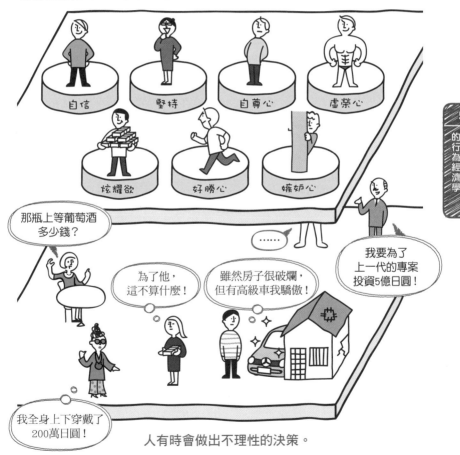

自信　堅持　自尊心　虛榮心

炫耀欲　好勝心　嫉妒心

那瓶上等葡萄酒多少錢？

……

我要為了上一代的專案投資5億日圓！

為了他，這不算什麼！

雖然房子很破爛，但有高級車我驕傲！

我全身上下穿戴了200萬日圓！

人有時會做出不理性的決策。

能應用在生活
上的行為經濟學

12

一個人的行為
會引發眾人跟風

有時候，我們即使沒有明確的根據還是會被別人的舉止影響，
忍不住採取相同的行動。

我們展開新的行動時，經常會根據自己手上握有的資訊，並且參考前人的行為來做決策。這裡就以股票投資為例來想想看：股票市場上有好幾個投資人，每個人都同等地擁有獨家資訊。首先，A 買了股票，B 看到之後便判斷「A 握有股價會漲的相關資訊」，並根據這項判斷和自己手上的資訊買股票。若有人接連像這樣採取行動，我們就會覺得跟著做比較好，獨家資訊的重要性就會變低，這種現象稱為**「資訊瀑布」**（Information cascade）。

「資訊瀑布」喚起群眾心理

「資訊瀑布」呈現階梯狀，當一條水流（資訊）形成瀑布，不久之後就會形成激流。同樣地，任何一個人的行為都會喚起更多人採取行動，使群眾心理膨脹，這就是買氣會更吸引買氣的原理。同樣的效應也會發生在網路上，某人若在社群網站上發文，有時甚至會讓眾人展開行動，對社會造成影響。網路行銷之所以經常重用知名部落客，也可說是為了製造「資訊瀑布」。

「衛生紙之亂」是這樣來的

1973 年石油危機時，日本發生了「瘋搶衛生紙」事件，這也是「資訊瀑布」所導致的從眾行為（群眾心理）。

從《海螺小姐》的收視率就能看出景氣好壞？

　　在這裡，我要舉出一些日常生活中「景氣由心生」的例子。景氣不好時，人們不敢期待加薪，因為不加薪是企業節省成本的一環。這樣一來，許多家庭就只好減少在週日晚上前往餐廳吃飯，而是選擇待在家裡，邊吃晚餐邊看晚上六點半播出的動畫《海螺小姐》。因此，當景氣不好時，《海螺小姐》的收視率就有上升的傾向（週日同一個時段播出的其他節目也是同理）。

　　此外，據說當景氣不好時，服裝配色偏暗的人也會變多。儘管我們的心理並不總是理性，但若關注每個人的行為和社會變化，就能夠更容易掌握景氣變化。

chapter

6

不被行銷手法迷惑
的行為經濟學

行銷是行為經濟學應用最多的一個領域。
身為消費者的你，如果不想被行銷手法迷惑，
學習行為經濟學會很實用。

不被行銷手法迷惑的行為經濟學
01

瞄準「不想吃虧」心理的保健食品廣告

我們除了不想損失金錢之外，在其他情況下也不想吃虧，有些廣告就是利用這種心理。

請你回想一下「價值函數」的曲線圖。多數人心中應該都會想要避免損失，不想失去曾經到手的好處。因此，當我們得到好處時會感到滿足，一心想要保有它。我有一位女性朋友每次試用了化妝品之後都會正式購買，想要保有從試用體驗中得到的滿足感。

只要嘗過一次滿足感就無法忘懷

▨ 消費者的心理
免費試用過一次之後，就會為了保有滿足感而繼續購買。

這也是一種「損失規避」的心理，保健食品的廣告是經常運用這種心理的行銷手法。無論是免費、還是以優惠價試用，人只要用過一次就捨不得放手，否則滿足感就會變低。這對我們的心理而言是一種損失，筆者稱它為**「心理慣性法則」**，我們的心就和物理領域一樣，有著想要維持現狀（慣性）的傾向。

「心理慣性法則」會為廠商帶來利潤

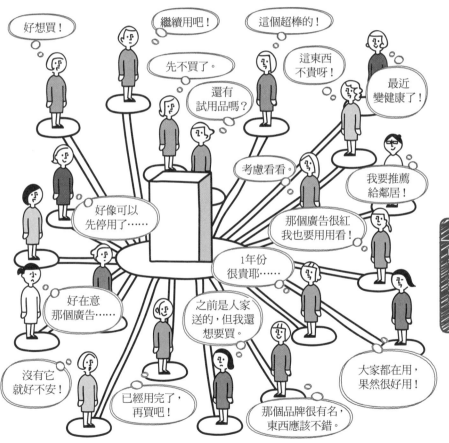

企業會花許多資金打廣告和製造試用品，當使用者從試用體驗中獲得滿足感之後，一旦沒有那款保健食品可吃，心理上就會感到損失，很可能會掏錢購買。即使有一大半的使用者只試用而不買，只要其他使用者持續購買，企業就有足夠的利潤。

不被行銷手法迷惑的行為經濟學

02

「限時半價」
能讓廠商賺錢嗎？

偶爾會有廠商推出大幅降價的商品，但因為無論降價多少都還有賺，所以這種行銷策略才成立。

　　企業的行銷手法會著眼在人們「想要保有一定滿足感」的心理上。簡單來說，只要製造出讓消費者想要維持現狀的心理，他們就會成為長期購買商品的重要顧客。背後的原理其實很簡單，失去曾有的滿足感對消費者而言是一種損失，為了保有滿足感，消費者只能不斷購買並使用商品。

人會不斷追求滿足感

咦？之前用3折買的保健食品快沒了。這吃了感覺很不錯耶……

只要一把倉鼠關進籠子裡，牠就會不停地跑滾輪，這是因為倉鼠本來就有為了尋找飼料和確保勢力範圍而奔跑的習性。同樣地，人也會因為想要保持一定的滿足感和喜悅而持續購買喜愛的商品。

有些保健食品的廣告會打出「首購3折」的超低優惠，有人曾問我這樣子廠商是否真的有利潤，但如果沒利潤，廠商就不會打出這樣的廣告。在日文中，「儲」（賺錢之意）這個字是左邊一個「信」加上右邊一個「者」，也就是說只要有人相信保健食品的效果即可。相信保健食品有效的消費者會對不再服用該產品感到抗拒，想要維持「繼續服用」的現狀，企業就是如此獲利的。這就是**「限時半價」背後的玄機**。

「限時3折」背後的玄機

長久下來，消費者就會養成服用保健食品的習慣，形成「維持現狀的偏見」。

用很便宜的價格買到了！

不繼續吃就覺得不舒服……

今日首購

1年後

賣那麼便宜有賺嗎？

一旦你買了，我就賺到了……

保健食品

限時3折！

保健食品1年份特惠價

不被行銷手法迷惑的行為經濟學

03

免費的網路服務 是怎麼賺錢的?

經常有些商品或服務讓人忍不住心想:「免費能賺錢嗎?」不過, 在吸引用戶這方面,沒有其他手法能比「免費」更為有效。

　　人有一種心理,不是看東西貴或便宜,而是 **1 塊錢都不想花**。舉例來說, 假設有一款高級巧克力賣 50 元,另一款普通巧克力賣 20 元,而高級巧克力 當然更好吃。這時,假如把高級巧克力調降為 20 元,普通巧克力則是免費的 話會怎麼樣呢?理性來想,應該是高級巧克力能讓人得到比較高的滿足感,但 實驗證明,事實上有大多數人會選擇免費的普通巧克力。

人無法抗拒「免費」的魔力

換句話說，我們會忍不住選擇免費的東西，企業便是靠這種心理來吸引使用者，網路服務就是典型的例子，例如 Google 搜尋和臉書都是不須費用的。許多人會被免費吸引而使用那些服務，當其中一部分的使用者開始使用付費服務時，企業就能獲得收益。當一項免費服務的使用者越多，願意使用付費服務的人可能也會越多，廣告收入也會提高，這就是免費服務出現的原因。

使用者越多，便有無限商機

提供免費服務的網路企業，其收益大多來自廣告收入和付費服務。

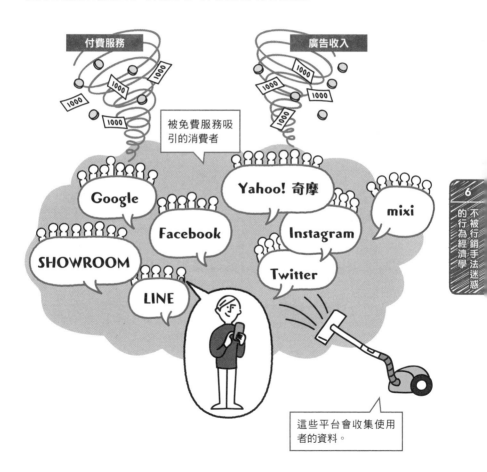

付費服務

廣告收入

1000 1000 1000 1000 1000 1000 1000 1000 1000

被免費服務吸引的消費者

Google

Yahoo! 奇摩

mixi

Facebook

Instagram

SHOWROOM

Twitter

LINE

這些平台會收集使用者的資料。

131

不被行銷手法迷惑的行為經濟學

04

迪士尼樂園總是大排長龍

人有一種傾向，覺得一項事物受到許多人支持就代表它是好東西，這種心理現象稱為「浪潮效應」或「樂隊花車效應」。

以前日本的商店街經常可見到「咚鏘隊」，他們會沿街敲打太鼓、演奏樂器，製造熱鬧的氣氛，但「咚鏘隊」其實是商店街的店家花錢請來幫忙宣傳的。人們並不知道這件事，只是被喧鬧的氣氛帶動而跟著走，於是就走到了商店街，回過神來才發現周遭都是正在購物的人山人海，也忍不住跟著買東西。這就是**浪潮效應（Bandwagon effect）**，又稱「樂隊花車效應」。

運用「浪潮效應」的行銷手法

在行銷上，善加利用「浪潮效應」，讓人們產生「這個正流行」、「有了這個，我就和大家一樣」的心理相當重要。

刻意強調「即將完售」或「限量〇份」來吸引排隊人潮，就能讓看到的人也想跟風。

每日限量 **50** 份的夢幻北海拉麵

日本拉麵

佳評如潮！

將顧客的食記與好評放在網站上。

浪潮效應是一種和旁人採取相同行動的心理現象，當我們看到有許多人都支持某項人事物時，原本漠不關心的人也會產生興趣。利用這種心理可望吸引更多顧客上門光顧，迪士尼樂園就是個好例子。當我們看到熱門遊戲設施前面聚集了大批人群，自己也會莫名地想要體驗那種氣氛，進而跟著排隊，而有些行銷手法就是運用這個「浪潮效應」。

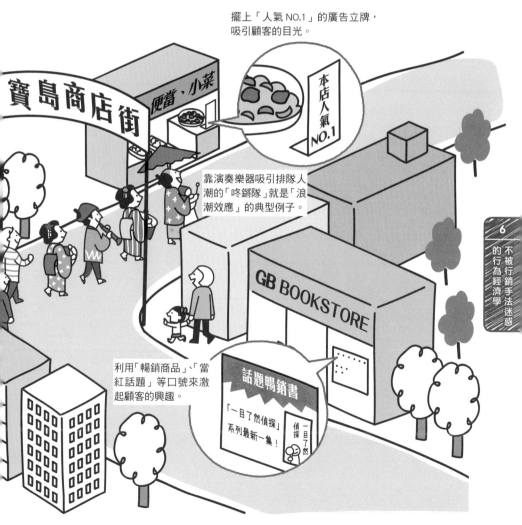

不被行銷手法迷惑的行為經濟學

05

為什麼萬聖節會形成風潮？

不知何時，萬聖節文化深入了我們的日常生活，其背景因素可能是源於人們有著喜歡成群結隊的心理。

前面提到的「浪潮效應」通常有一個讓多數人想要支持的明確象徵，例如花車上的樂隊和「咚鏘隊」。不過，有時候即使沒有一個明確的象徵來吸引許多人注意，我們還是會**忍不住配合旁人的動向**，這稱為**「從眾行為」**。簡單來說，人的心理本質是不希望只有自己一個人，和其他人在一起會讓我們感到安心。

成群結隊能讓人感到安心

如同上一節所說明的，人們有一種心理傾向，會被大批人群支持的人事物吸引，但有時即使沒有明確的象徵，人仍然會跟隨旁人的動向。

發生什麼事？大家都聚在一起，我也去看看好了！

只有我一個人……都沒有人跟我一樣，好不安！

萬聖節就是個不知道由誰最先起頭的好例子。越來越多人喜歡過萬聖節的原因有各種說法，但似乎很難確定真正的因素。當即將迎來每年的 10 月 31 日萬聖節時，小至超商大至購物中心，都會販賣萬聖節商品，由此可知人們會下意識地跟風，萬聖節就是這種群眾心理的好例子。

因群眾心理而普及的萬聖節

儘管不知道原因，但萬聖節文化已深入我們的日常生活，其背景因素可能是「想和旁人採取相同行動」的群眾心理在作祟。

不被行銷手法迷惑的行為經濟學

06 市面上隨處可見的「世界品質評鑑大獎」

人對於「權威」十分沒有抵抗力,只要是權威或專家說的話,就會近乎無條件相信。

　　人們有著信賴權威的傾向,深信權威是正確的並服從之,稱為**「服從權威」**(Obedience to authority)。舉個例子,假設有 2 本健康書,其中 1 本是「某大學代課講師」寫的,另 1 本則是「身為醫療領域權威的大學教授」寫的,相較之下,我們往往會有「後者比較優秀」的印象。在實際閱讀書籍內容之前,人們會先以作者的社會地位來進行判斷。

人擋不住「權威」的魔力

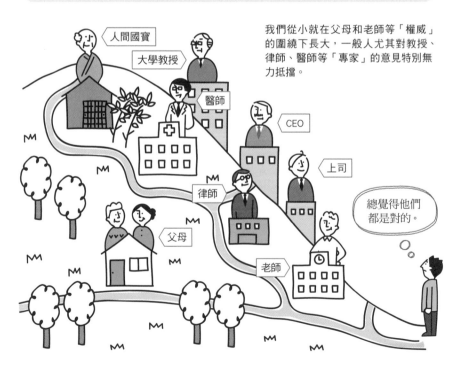

我們從小就在父母和老師等「權威」的圍繞下長大,一般人尤其對教授、律師、醫師等「專家」的意見特別無力抵擋。

人間國寶
大學教授
醫師
CEO
上司
律師
父母
老師
總覺得他們都是對的。

最近，有許多零食和酒類都貼上「世界品質評鑑大賞」（Monde Selection）的標章，這便是看準人們服從權威的心態。當消費者看到商品榮獲「世界品質評鑑大賞」，會覺得這項商品與眾不同且值得信賴。廠商就是利用這種心理，支付審查費用給國際品質評鑑組織，委託該組織評價自家的商品。國際品質評鑑組織的網站上就清楚寫著這個獎項能為商品的品質掛保證。

隨處都有的「權威」

我們會受到權威的影響而認為某件事物特別優質，但獨立思考也很重要。

不被行銷手法迷惑的行為經濟學

07

藝人廣告代言費很高
是有原因的

知名度和形象在廣告戰略中相當重要，請當紅藝人來代言，
藉此提升商品形象便是利用「月暈效應」。

「他是知名大學的畢業生，所以非常優秀。」如同這個例子所示，當我們
要評價人事物時，往往會根據某個顯眼或簡單易懂的特徵來進行判斷，這稱
為 **「月暈效應」**（Halo effect）。一看就懂的特徵彷彿會散發出光暈，讓我們
產生特別的親近感，反之亦然。

「月暈效應」是藉由顯著特徵來評價整體

近年來，受到全球化的影響，英文能力在職場上相當受到重視，公司在錄用人才時經常會要
求英文能力。因此，我們往往會陷入「英文好就等於優秀」的迷思，但「懂英文」和「是否
具備該職缺要有的專業能力」是兩回事。即使如此，還是有很多人會認為「英文很重要」而
高估一個人的能力。

化妝品廣告就是個發揮「月暈效應」威力的好例子。為了凸顯化妝品的好，廠商會請來經常登上「美顏排行榜」的藝人或演員幫忙代言。消費者看到廣告會心想「用了這款化妝品或許就能變得像她一樣美」，進而想購買，這就是「月暈效應」。若想得到越好的「月暈效應」，請好感度高的藝人來代言的需求就越高，商品的銷量會跟著攀升，因此代言費用也不低。

代言人的形象就是商品形象

當廣告代言人的好感度越高，消費者對商品的好感度就會受到「月暈效應」的影響而提升。當宣傳規模越大，「月暈效應」的效果可能也會越好。

廣告代言人彷彿散發出光暈，其形象會讓消費者對商品留下好印象，喚起購買意願。

不被行銷手法迷惑的行為經濟學

08

死亡率 20%的
手術成功率很高？

有時候，只要換個說法，同樣的機率卻會給人完全不同的印象。
這是怎麼回事呢？

有時候，不同的說法會讓我們做出不同的決策。舉例來說，「距離考試還有一週」與「距離考試只剩下一週」這兩種說法，後者比前者更讓人感到時間緊迫，進而想要盡量利用時間好好讀書，可能還會比以前都更加認真，這就是**「框架效應」**（Framing effect）。

「框架效應」的例子①：術前說明

當人的意識被「框架」限制，所做的決策就會不一樣。

☑ 兩者明明機率相同……

手術的成功率其實不變，但人在聽到不同說法時會感到不安或安心。

「框架效應」的「框架」有著「把誰框住」的意思，簡單來說就是不同的說法會得到不同的反應。舉個例子，聽到「手術的死亡率是 20％」和「手術成功率是 80％」，後者顯然讓人比較容易接受。儘管客觀來說兩者機率相同，但不同的說法卻給人不同的印象。

「框架效應」的例子②：行銷

商店的特賣會有各種促銷口號，
這也是一種「框架效應」。

● 清倉特價

人們會以為「既然是清庫存，那應該會有便宜的商品」，但先不論實際上是否便宜，我們就連是否真的想要那些商品都不確定。

● 結束營業大拍賣

這和「清倉特價」一樣，往往會讓顧客先入為主地認為「既然要結束營業了，應該很便宜才對」。除此之外，還有「全館改裝大特價」等行銷手法。

● 賠本賣

雖然商家有可能將銷路不好的庫存商品用進貨價或更便宜的價格販售，但基本上店家真正「賠本」的情況應該很少。

● 跳樓大拍賣

你聽到大拍賣可能會焦急起來，想要趁好東西還有剩時去買，但其實舉辦跳樓大拍賣的店家要多少有多少，不必著急。

不被行銷手法迷惑的行為經濟學

09

「1 個月 3000 毫克」勝過「1 天 100 毫克」

即使兩者分量相同，把數字寫大一點會讓印象產生 180 度大轉變，這也是一種「框架效應」。

　　看到杯子裡有半杯水，你會認為「還有一半」還是「只剩一半」呢？這是個經常用來解釋「框架效應」的例子，抱著希望認為「還有一半」與抱著絕望認為「只剩一半」，兩者有很大的差異。這個「框架效應」經常運用在商品行銷上。

標示方法不同，印象也不同

日常生活中充滿了許多運用「框架效應」的行銷手法。
只要稍微換個說法，消費者對同款商品的接受度就完全不同。

以飲料的成分標示為例，強調原汁成分含量更有廣告效果。

舉例來說，假設某項健康食品 1 瓶有 30 粒，1 粒是含有 100 毫克的胎盤素。若宣傳標語打著「每天吃 1 粒，就能攝取 100 毫克的胎盤素」，或是「1 個月能攝取的胎盤素高達 3000 毫克」，哪一個比較能打動消費者呢？答案是後者。即使兩者能獲得的最終利益相同，但人就是會被**「當下感受到的最大利益」**吸引。

若換成金額，打出較小的數字比顯示總額更讓人覺得便宜。

要表示同樣一段時間，以「分」為單位會比「小時」給人更短的感覺。

1 年電費 96000 日圓
Ⓐ 電力公司

1 天電費 267 日圓
Ⓑ 電力公司

選B電力公司好了！

前往觸忌湖
搭公車需要 1 小時 30 分鐘
大和旅遊

前往觸忌湖
搭公車需要 90 分鐘
華原旅行社

雖然都一樣，但感覺90分鐘比較短。

感覺1000毫克比1公克來得划算……

便利商店 24

營養飲料
牛磺酸
含量 1000 毫克

營養飲料
牛磺酸
含量 1 公克

營養飲料的成分表會把「公克」變成「毫克」這種比較小的單位，把數字寫大一點，讓消費者留下「含量很高」的印象。

不被行銷手法迷惑的行為經濟學

10

附贈模型零件的分冊百科為什麼大賣？

消費者會為了得到和已支出成本相當的滿足感而繼續投入金錢，有贈品的分冊百科就是利用了這種心理。

已經為了某種目的而花掉且再也拿不回來的費用稱為「沉沒成本」，打小鋼珠所花的錢就是一例。然而，我們有時候會為了得到和沉沒成本相當的滿足感而做出「繼續花錢」的決策。

從分冊百科的例子來看「沉沒成本」

隨著投入的金錢越多，持續購買分冊百科的人會產生「要是中斷不買，之前就白花錢了」的心理而無法收手。

創刊號只要400日圓！

好便宜喔！我要買！

你看到廣告了？

登山口

好想要喔！

創刊號上市時，出版社會大肆宣傳，盡可能吸引更多消費者購買。

人們無論如何都會想要得到相當於回收沉沒成本的滿足感，附贈機器人或汽車模型零件的分冊百科就是運用這種心理。這個月送引擎，下個月送內部裝潢，每個月贈送的零件都不一樣，如果想要組裝完成，就必須每一集都買。只要有哪集沒買到，模型就無法組裝完成，沉沒成本就這樣浪費掉了。分冊百科之所以暢銷，就是看準了人們不想浪費沉沒成本的心理。

當模型快要完成，消費者就會更想獲得和支出同等的滿足感而越陷越深。

還有10集喔？我都買了50集，事到如今已經不能回頭了！

第2集起賣900日圓啊？

我買到第10集，接下來不買了。

還要花多少錢啊？

成本山
山頂

我絕對要撐到最後！

下山口

下山口

離攻頂還有很久喔！

從第2集起，購買的人會越來越少，但出版社事前已經預測到這一點，所以損失（例如退書）也少。

145

不被行銷手法迷惑的行為經濟學

11 背景音樂能讓洋酒賣得更好？

行為經濟學在近幾年越來越受矚目，但是它或許還是一門不太為人所知的學問。

　　音樂非常不可思議，聽到節奏和緩的歌曲，情緒就會冷靜下來。去參加搖滾樂團的演唱會，心情就會變得很嗨。**音樂會在不知不覺中影響我們**。美國西肯塔基大學的羅納德·米利曼（Ronald E. Milliman）教授做了一個實驗，研究當餐廳播放不同的背景音樂時，消費者的行為會有什麼改變。結果是，當背景音樂的步調很悠閒時，顧客也會在餐廳裡停留比較久。

（Ronald E. Milliman[1986]The Influence of Background Music on the Behavior of Restaurant Patrons, Journal of Consumer Research, Vol. 13, No. 2 (Sep.,1986),p.286-289）

背景音樂的節奏會影響消費行為？

米利曼教授還做了這樣的一項實驗：將超市的背景音樂改成快、慢兩種節奏，觀察顧客的消費行為會如何改變。

當背景音樂節奏快時，顧客停留在店裡的時間比背景音樂節奏慢時還要短。

當背景音樂節奏慢時，顧客會停留比較長的時間，每個人的消費金額也比較高。

米利曼教授的研究結果給我們的啟示是，廠商能夠藉由更換背景音樂來讓消費者做出符合他們期望的行動。根據英國心理學家阿德里安・諾斯（Adrian C. North）的研究，和不播放任何音樂的情況比起來，若播放氣勢壯大、節奏強烈的音樂〔音樂家卡爾奧福（Carl Orff）的《布蘭詩歌》（Carmina Burana）〕，人們會比較愛喝味道濃醇的洋酒。

背景音樂會讓人買下不同商品？

下圖是背景音樂影響消費者購買洋酒的範例。有個實驗研究了商店的背景音樂如何影響人的消費行為，做法是將同樣價格的法國洋酒和德國洋酒擺在門市，輪流播放法文歌曲和德文歌曲，並調查這兩種洋酒的銷量。

播放法文歌曲時⋯⋯

向消費者詢問後⋯⋯

C'est si bon[5]

您為什麼選擇法國洋酒？

我自己也不知道。

法國洋酒賣了 40 瓶，德國洋酒賣了 8 瓶。

背景音樂？你在說什麼？

播放德文歌曲時⋯⋯

Danke schön[6]

研究者發現，絕大部分的消費者都沒有察覺自己受到背景音樂的影響。也就是說，人在做決策時會下意識被音樂影響。

（註：圖中的洋酒銷售數字僅為範例。）

德國洋酒賣了 22 瓶，法國洋酒賣了 12 瓶。

5、6 譯註：C'est si bon 為法文「真是棒」的意思；Danke schön 為德文「非常感謝」的意思。

不被行銷手法迷惑的行為經濟學

12

到了週末，夾報廣告比較多的原因

我們平時經常接觸的夾報廣告裡，也暗藏著企業方巧妙的行銷策略。

　　所謂「資訊可得性」，意思是我們在做決策時會高估容易到手的資訊。這裡所說的「可得性」可以分為「物理上容易到手」和「記憶上比較新」的資訊。企業為了喚起消費者的關注，必須盡量丟出大量資訊，但問題在於若消費者不予理會就沒有意義。

「容易留下記憶」的資訊可得性也越高

據說，「最新」、「顯著」、「強烈」與「符合」的 4 種資訊很容易讓人留下記憶。

最新
最近發生的事容易留下記憶。

強烈
若發生了什麼會帶來強烈衝擊的事，也容易留下記憶。

符合情緒
若一項資訊符合自己的知識，便容易留下記憶。

顯著
當某種事物或現象很顯著時，容易留下記憶。

各位有沒有發現，每到週六和週日，報紙裡的廣告傳單就會比平日多呢？在平日，許多人早上都要趕著上班，不太有時間慢慢看特價品或汽車廣告，相較之下，週末比較有空閒時間。企業便是看準這一點，在週末安插許多夾頁廣告，而這樣做無非是為了**盡量多發布一些可用的資訊，藉此刺激消費。**

週末假日夾報廣告很多的原因

平日沒有時間慢慢看報，很可能無法利用資訊。

許多人週末放假，才有時間慢慢讀報，也比較有機會利用這些資訊。

以男性為目標群眾的廣告應該什麼時候見報？

人們每天都會看報紙，物理可得性很高，但平日早上很忙碌，應該沒有時間連夾報廣告都看。

重點小筆記
選擇性知覺

此外，人還有一種行為模式是「選擇性知覺」（Selective perception），會下意識忽視不利自己做決策的資訊。

越是遭到禁止
就越想嘗試的心理

當我的孩子還小時，若要他「不准看電視」，他就會更反抗，很難安撫。從這個例子可以看出，人常懷抱著一旦遭到禁止就會越想去做、想要和人作對的心理，這稱為「卡里古拉效應」（Caligula Effect）。這個名詞源自 1980 年美國與義大利合拍的電影《羅馬帝國艷情史》（Caligula），內容以羅馬帝國皇帝「卡里古拉」的一生為範本。由於這部電影尺度太大，在某些地區禁止上映，沒想到反而引起觀眾的關注，於是便有了「卡里古拉效應」一詞。舉例來說，假如有人不讓我們吃零食，我們會感到反彈而更想吃；若是被人勒令「不准在走廊上奔跑」，就會更想反其道而行。當我們「想奔跑」的欲望遭到壓抑（禁止）時會感到不滿，反而更加克制不住。

減肥產品的廣告會利用「卡里古拉效應」，故意把「如果你對自己的身材有自信，就不要使用本產品」當作宣傳詞，這樣反而能吸引更多人注意。

運用範圍更廣的
行為經濟學

近幾年，行為經濟學除了應用在金融和
行銷領域之外，還會廣泛應用在政策上。
尤其「輕推理論」更是受到全世界的注目。

運用範圍更廣的行為經濟學

01

要選現在還是 1 年後？
「性急」的科學

有一個理論叫做「雙曲貼現」，它可以說明人「把現在看得比將來重要」的心理。

如果有人問：「現在領 1 萬日圓和 1 年後領 1 萬 1 千日圓，你要選哪個？」絕大部分的人都會選擇現在就領 1 萬日圓，因為人對時間的感受不符合常理。若要思考上述問題，關鍵詞是 **「折現率」(Discount rate)**，就是把未來的金錢價值換算成現在金錢價值的利率。假設 1 年之後的 1 萬 1 千日圓等於現在的 1 萬日圓，那麼「折現率」就高達 10%（！）（可以用 1 萬 1 千日圓 ÷ X ＝ 1 萬日圓的方程式來計算）。

人往往把「現在」看得比「未來」重要

即使知道未來能夠獲得比較大的利益，但人還是會以眼前的利益為優先。

假設把錢存在銀行的利息是0.01%，1年後1萬日圓就會變成1萬1日圓……

也就是說，1年後能夠拿到1萬1千日圓，比存在銀行更划算？

可是，我還是想要現在就領1萬日圓。

儘管如此，比起1年後領1萬1千日圓，我們還是傾向現在就領1萬日圓。

我要等1年後再領1萬1千日圓。

行為經濟學家

和日本銀行存款的利息比起來，10%是相當高的折現率（利息）（在 2018 年 6 月底，1 年定期存款的利息只有 0.01%）。即使如此，人們還是想要現在就領 1 萬日圓，由此可以看出人究竟有多麼性急。行為經濟學的**「雙曲貼現理論」**（**Hyperbolic discounting**）認為，當時間拉得越長，人就越不會那麼性急（折現率會趨於穩定）。相較之下，傳統經濟學卻假設折現率即使經過一段時間仍會保持一定。

「雙曲貼現理論」是什麼？

「雙曲貼現理論」與傳統經濟學的貼現理論

如圖所示，傳統經濟學認為折現率經過一段時間仍然不變。

不論是今天還是1年後？折現率不變。

傳統經濟學的觀念

行為經濟學認為，當時間拉得越長，人們性急的程度就會下降，也就是折現率會變小。

是喔～

今天有2位教授啊？陣容強大！

行為經濟學的觀念

什麼？我還以為是今天耶！我等不了3天後！

不是1年後，而是1年又3天後嗎？那就等吧！

如上所述，和比較近的未來比起來，當期限距離現在相當遙遠時，人幾乎不會在意那「3 天」的差別。

運用範圍更廣
的行為經濟學
02

「懂得忍耐的人才會成功」是真的嗎？

能不能「忍耐」，不被眼前的誘惑吸引，會對我們的人生帶來無法忽視的影響。

「雙曲貼現理論」告訴我們，人們會對「今天」、「明天」等眼前的 1 天感到很漫長，但當期限拉遠，變成「1 年後」和「1 年又 1 天後」，人就會覺得差那 1 天沒什麼。換句話說，我們往往**會選擇優先享受當下的滿足感**，很難忍耐。戒菸失敗就是個好例子，明知戒菸有益健康，還是會心想「1 根就好」而繼續抽菸。

從「折現率」來看減肥和戒菸的難度

喂！再這樣下去就危險了！

是時候該減肥了，不過再吃1片就好！

我明天就戒，現在先來1根！

☑ 以眼前的滿意度為優先

明知這樣做對美容或健康無益，還是想著「改天再戒」，一個不小心就吃太多或又來 1 根菸。若敗給眼前「只有這一次應該沒差」的誘惑，就會養成長期的壞習慣。

人會在不知不覺中低估抽菸的風險。有一項實驗證實「忍耐與否」將會左右人生，那就是「棉花糖實驗」。研究人員在小朋友面前放 1 顆棉花糖，告訴他：「我要離開 15 分鐘，回來後如果發現你忍住沒吃掉棉花糖，我就再多給你 1 顆。」如此一來，一定會有成功忍住和忍耐不住的小朋友。比較兩者後來的人生，發現當年忍住沒吃的小朋友人生相對成功，例如在大學入學考試取得較好的成績。這可說是個讓人深思「忍耐」重要性的好例子。

美國研究人員所做的「棉花糖實驗」

大約 50 年前，美國的史丹佛大學以當時 4 歲的一群小朋友為對象，做了「棉花糖實驗」。

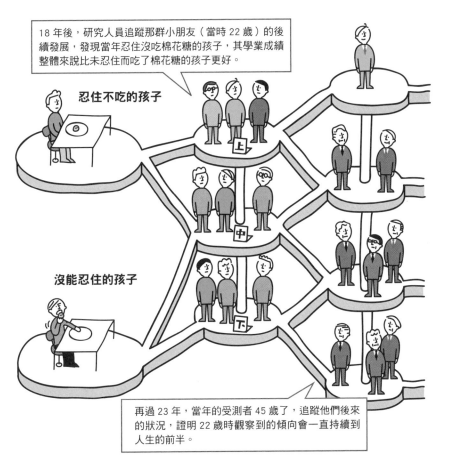

18 年後，研究人員追蹤那群小朋友（當時 22 歲）的後續發展，發現當年忍住沒吃棉花糖的孩子，其學業成績整體來說比未忍住而吃了棉花糖的孩子更好。

忍住不吃的孩子

沒能忍住的孩子

再過 23 年，當年的受測者 45 歲了，追蹤他們後來的狀況，證明 22 歲時觀察到的傾向會一直持續到人生的前半。

7

運用範圍更廣的行為經濟學

運用範圍更廣
的行為經濟學

03

讓人有選擇的自由，
但促使人行動的「輕推」

現在，在行為經濟學的理論中，理查‧塞勒教授提倡的「輕推理論」在公共政策上最受矚目。

　　輕推的英文是「Nudge」，本來的意思是「用手肘輕輕撞一下，以引起對方注意」。這是芝加哥大學的理查‧塞勒教授提倡的理論，它不是用強迫的方式叫人做事，而是允許對方有選擇權，但是改變提供選項的形式，使對方做出比較好的決策。這樣一來，不只是個人，就連整個社會的生活品質都會更好。

「輕推」是什麼？

「輕推」就是讓對方有選擇的餘地，
但誘導他做出特定的選擇。

如上圖所示，在特定對象沒有意識到的情況下，誘導他朝著合理的方向前進，
這就是「輕推」。

輕推理論也可應用在我們的日常生活中。舉例來說，超商收銀台前的地板上貼著腳印的圖案，人們看到它就會不自主地沿著圖案排隊。相反地，如果沒有那個圖案，就會發生顧客互相爭論誰先誰後，使得店員必須勸架的情況。如同這個例子所示，假如有個設計能夠像用手肘輕推一樣促使人們自動自發，我們的行為舉止就會規矩許多。

常見的「這個」其實就是輕推

大家熟知的「這些」做法也是輕推。

超商收銀台前面常見的腳印／箭頭貼紙

收銀台前面有這樣的貼紙已成了家常便飯。有了這個，不須店員引導，顧客就會好好排隊。

☑ 我要訂閱

訂閱電子報的勾選框

加入網路商店的會員時，訂閱電子報的勾選框一開始就已經打勾，只有不想訂閱的用戶才必須取消勾選。這個手法能讓訂閱電子報的人增加許多。

運用範圍更廣
的行為經濟學

04

光靠菜餚的擺法
就能改善肥胖

人一旦受到強迫就會抗拒，而善用「輕推理論」能夠在不強迫的情況下，引導人們做出較理想的決策。

如果有人毫不講理地命令「趕快做這個」、「不準做那個」，我們容易感到不悅，這種介入個人選擇並限制自由的做法稱為「父權主義」（Paternalism），因此，讓人擁有選擇權相當重要。尊重別人有自由選擇的權利（亦即「自由主義」），在不讓對方發現的情況下介入，引導他做出更好的決策就叫做「自由家長主義」（libertarian paternalism），這也是「輕推」。

人不喜歡被強迫

不准遲到！

好嚴格的
公司……

用規定來強迫員工
會引起反彈。

公司的上班時間
很彈性。對了，上午
9點之前，公司有
免費的飲料哦！

早點來上班
比較划算！

「輕推」讓人保有選擇權，並
引導人做出特定的合理決策。

實際上，若要讓人們有自由選擇的餘地，但同時又誘導許多人做出更好的選擇是有可能辦到的。舉例來說，某家自助餐將蔬菜擺在離門口最近的位置，接著才是魚和肉，結果客人比從前吃了更多蔬菜，光吃肉的情況減少了。假如要求客人多吃蔬菜往往會引發反彈，但讓客人能夠自己選擇，並且在不知不覺中採取比較理想的行動，這就是「輕推」。

以應用「輕推」的自助餐為例

將蔬菜陳列在容易取得的地方，肉類和甜點則是放在離門口較遠處，就能讓常客在不知不覺中保持健康，預防肥胖。此外，當許多常客覺得「最近身體不錯」時，店家也可望增加獲利。

運用範圍更廣
的行為經濟學

05

「輕推」在日本的應用實例

在國外，「輕推理論」已經被應用在公共政策上，而日本近幾年也在政策上採用了「輕推理論」。

其實，日本也正在施行運用「輕推理論」的政策，那就是厚生勞動省[7]所實施的「特定健康檢查與保健指導」。這項政策的對象是 40 歲至 74 歲的民眾，目的是為了改善民眾的生活習慣以預防肥胖所引起的三高……等生活習慣病，由專業人士（保健師與營養管理師）來為民眾的生活做一次健檢。

「輕推」在日本被用來維持健康的例子

● 特定健康檢查與保健指導

生活習慣病占了日本人死因的六成，日本政府為了預防及改善而實施特定健康檢查，並且對需要援助的對象進行保健指導。

特定健康檢查

自 2008 年起實施，俗稱「肥胖健診」。

若需要保健指導……

提供動力援助

進行個別面談或提供團體支援，讓需援助者訂定目標，6 個月後再次評估。

提供積極的援助

除了提供能形成動機的援助之外，還提供 3 個月以上的援助，同樣在 6 個月後再次評估。

---

7 譯註：厚生勞動省類似台灣的衛生福利部。

這項政策有人贊同也有人反對，有各種不同的聲音出現，例如**有人質疑政府是否有權力掌控整個社會的合理性**，以及對「肥胖」的判斷標準是否恰當等等。此外，還有遊說者（Lobbyist）前來陳情、要顧慮當地人的想法，以及是否圖利特定利害關係者等問題。儘管如此，民眾有機會重新檢視生活並獲得健康也是事實，而且相當重要。

日本版輕推組織

2017 年，由日本環境省主導，產、官、學攜手合作下，「藉由發布資訊促進一般家庭自發性改變行為（輕推）之節能減碳政策」（環境省輕推事業）實施了。

此政策以 30 萬戶為對象，根據用戶的電力、瓦斯使用量與增減紀錄，為每戶提供量身打造的節能建議。

5 家源事業公司

環境省

IT系統企業

諮詢公司

輕推組織

和府上很相似的家庭都在使用節能電風扇喔！

府上1年的電費比其他相似的家庭多了3萬日圓喔！

該計畫雖然還在實驗階段，但這麼大規模的輕推理論實驗在國際上獨一無二，因而受到矚目。此外，在提供節能建議後的 2 個月當中，已經確實達成節能減碳的效果（摘自環境省官方網站）。

還有更多應用「輕推理論」的例子

除了應用在公共政策，全世界還有許多地方都運用了「輕推理論」，像是機場的廁所與納稅義務。

應用「輕推理論」的例子多不勝數，阿姆斯特丹的史基浦機場就是個舉世聞名的成功案例。當機場男廁的小便斗內側畫了隻小蒼蠅後，廁所的清潔費用和沒有畫蒼蠅時相較，節省了八成。這便是利用人「一旦有目標就會想要瞄準」的心理，讓使用者如廁時不弄髒小便斗四周。不用說也知道，這樣做並沒有強迫男廁的使用者。

史基浦機場的例子

史基浦機場從前必須支出許多清潔費打掃男廁。

於是就在小便斗內側畫上蒼蠅。

①

這個「輕推理論」的例子是利用人們「有目標就想要瞄準」的心理。

輕推

結果，廁所變乾淨了，清潔費省了八成。

②

④ ③

好想瞄準它……

總覺得……

2010 年，英國當時的首相大衛‧卡麥隆（David Cameron）開始利用輕推理論來推動政策，前文多次提及的理查‧塞勒教授也予以協助。廣為人知的例子是寄通知單給遲繳稅金的民眾，告訴他們「在你居住的區域，絕大部分的人都已經在期限內繳納稅金」，結果納稅率就提升了。在美國，政府則是把年金制度設為「自動加入，自由解約」，藉此增加參加年金保險的人數。諸如此類，**「輕推理論」的應用例子實在很豐富。**

英國運用「輕推理論」的例子

納稅

原來大家都有繳稅?!

寄「該地區納稅率」的通知單給遲繳稅金的民眾。

> **結果是繳稅率上升**
> **（對整個社會來說是好結果）**

節能

為了促使民眾引進隔熱設備，為實施家庭提供清掃閣樓的服務。

> **結果，效果比發給引進隔熱設備的**
> **補助金還要好。**

交通安全

← Look right

哎呀，原來車子會從右邊來？

Look right →

在斑馬線旁邊畫上「向右看」的字樣，提醒不習慣左側通行的外國旅客。

> **結果，外國旅客引起的**
> **交通事故減少了。**

預防肥胖

HIGH SUGAR

這對身體不好……

在超市的含糖飲料區放上寫著「高糖分」的告示牌。

> **結果，較多消費者選擇健康飲料，**
> **為預防肥胖帶來一定的成效。**

運用範圍更廣
的行為經濟學

07

「能夠預測可能發生的失誤」是真的嗎？

「內容都是一些不用說也知道的事」就是行為經濟學的特徵。
這門學問在研究人最原本的行為，藉此避開可預測的失誤。

　　許多學習行為經濟學理論的學生都說：「我覺得這門學問只是在探討一些不用說也知道的事。」就是這樣沒錯。行為經濟學的優點就在於將人們理所當然的行為歸納為普遍且能夠讓人理解的理論。只要運用這門學問，不僅能夠像「輕推理論」應用在公共政策上一樣收到成效，說不定還能減少一些常見的失誤。一個人若懂得行為經濟學理論，有可能會大大扭轉人生。

行為經濟學能改變人生？

學過行為經濟學和沒有學過的人，
兩者之間有什麼差異？

人生只能
順其自然……

這是「簡化捷思」，
要更謹慎思考！

從眾行為

維持現狀的偏見

初始效應

賭徒謬誤

人的決策會因為是否具備相關知識而改變。假若你懂得行為經濟學的知識，就比較不會犯錯，能夠避免做出不理性的決策。

諸如「捷思＝粗略掌握事物」、「不想吃虧＝損失規避（價值函數）」、「高估客觀的低機率＝決策權重」等等，**我們會基於特定模式認知事物並做出決策。**也就是說，只要將行為經濟學理論套用在日常生活中，並重新檢視自己的行為舉止，就能夠避免一些常見的誤判或失誤，做出滿意度更高的決策。

套用在日常生活上，檢視自己的舉止

行為經濟學的知識可以應用在生活中的各個情境。

運用範圍更廣
的行為經濟學

08

為什麼政治都
不見改善？

政治由全體民意構成，但多數國民的意見不一定符合個人的
想法。

　　儘管各國都把「輕推理論」納入公共政策中，但仍然有很多人認為「政治沒有那麼容易變好」。若觀察日本、美國與英國等歐洲國家在近幾年的選舉，會發現有很多結果都出人意料，導致整個社會對未來的不安感更強烈。為了改變這種情況，有越來越多經濟專家倡導新的舉措，建議政府讓有小孩的民眾能夠連孩子的份一起投票。

影響投票的心理傾向

● 社會現況穩定時，人民的心理傾向
除了「維持現狀的偏見」之外，想要迴避損失（損失規避）的心理也
很可能影響國民做決策。

> 未來，我們保證會
> 讓大家繼續過著
> 安穩的日子！

> 現在正是該改革的
> 時候！要對無視民意
> 的霸道政權說不！

> 我覺得他說的確實
> 很牽強，但現在好歹有工作，
> 要是政權交替讓現況
> 更糟就不好了，
> 還是繼續投他吧……

A 政黨
保守的執政黨，訴
求是維持現狀。

B 政黨
最大在野黨，訴求
是政治改革。

選舉時，**「想要迴避損失」的短視心理**往往會影響我們的投票意向。在雷曼兄弟金融風暴之後，2009 年的日本發生政黨輪替，政權從自民黨移轉到當時還未解散的民主黨手上。那時候，似乎有很多人想著「自民黨沒能防止景氣低迷，只會每況愈下，不如換新的政黨做做看」，想要儘快擺脫眼前的困境。

● 當經濟不景氣，社會動盪不安時

在股市下跌等經濟環境惡化的情況下，握有選舉權的人民會對未來更加不安，擔心政治再這樣下去會更糟糕，最後因為想要規避損失而做出短視近利的選擇。2009 年日本的政黨輪替就是個例子。

■ 要用長遠且客觀的眼光來看

選舉時，我們很難準確預料執政黨和在野黨的政策會為社會帶來什麼樣的影響。重點在於，選民要客觀地思考哪個政黨或政治人物的主張會長期對社會帶來正面結果（例如穩定財政和減輕勞工負擔等等）。

運用範圍更廣
的行為經濟學

09

以更好的政策為目標

今後,以行為經濟學為出發點的彈性思考將會在更多公共政策的領域做出貢獻。

從以前到現在,日本的政治總是傾向在沒問題時維持現狀,有問題時則會迴避眼前的窘境。這導致法規難以因應環境變化,要推動新制度的構想也很難在社會上普及,保有既得利益是可以想見的其中一個要因。為了改變這樣的狀況,有人推出了各種選舉制度的改革方案,例如「年齡別選舉區」等。但在此同時,政治人物會為了保護自己的政治生涯而不做出對社會來說有利的合理選擇(選舉改革)也是事實。

過去的政策

● 政府過去的政策

硬要說的話,政府從前是抱著「我們國家就應該這樣」的想法,由上對下的角度推行政策。人民的想法不一定總是和政府相同,而政府認為良好且合理的政策,人民也不一定都能接受。

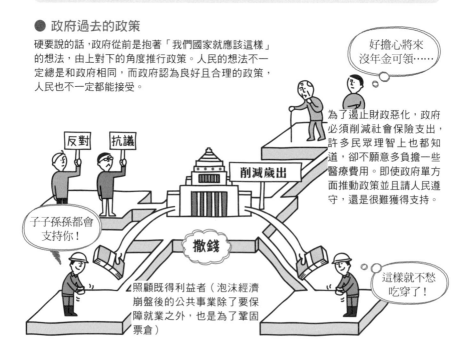

好擔心將來
沒年金可領……

為了遏止財政惡化,政府必須削減社會保險支出,許多民眾理智上也都知道,卻不願意多負擔一些醫療費用。即使政府單方面推動政策並且請人民遵守,還是很難獲得支持。

反對 抗議

削減歲出

子子孫孫都會
支持你!

撒錢

照顧既得利益者(泡沫經濟崩盤後的公共事業除了要保障就業之外,也是為了鞏固票倉)

這樣就不愁
吃穿了!

這是個很根本且古典的政治問題，對於該如何解決這個問題，專家的主張也各有不同，但可以確定的是，「輕推理論」將有助於解決問題。若用長遠的眼光來看，我們人類在某種程度上是理性的，若能根據這種傾向**讓人們自由選擇**（但要縮減並簡化選項），就能把大眾的行為導往良好的方向。我希望這方面的討論能夠更加蓬勃。

「輕推理論」應用在政策上的可能性

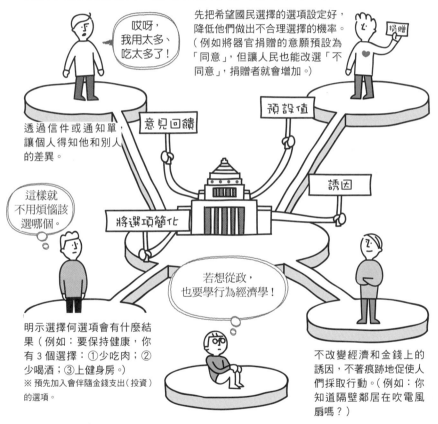

哎呀，我用太多、吃太多了！

先把希望國民選擇的選項設定好，降低他們做出不合理選擇的機率。（例如將器官捐贈的意願預設為「同意」，但讓人民也能改選「不同意」，捐贈者就會增加。）

意見回饋

預設值

誘因

透過信件或通知單，讓個人得知他和別人的差異。

這樣就不用煩惱該選哪個。

將選項簡化

若想從政，也要學行為經濟學！

明示選擇何選項會有什麼結果（例如：要保持健康，你有 3 個選擇：①少吃肉；②少喝酒；③上健身房。）
※ 預先加入會伴隨金錢支出（投資）的選項。

不改變經濟和金錢上的誘因，不著痕跡地促使人們採取行動。（例如：你知道隔壁鄰居在吹電風扇嗎？）

7
行為經濟學
運用範圍更廣的

● 「輕推理論」的構想
「輕推理論」若要奏效，政府就要讓國民有自由選擇的權力，誘導他們往更好的方向前進，使人民能夠沒有壓力地做出合理的選擇。政府若把「輕推理論」納入政策中，就能避免人民反彈，驅動社會通往更美好的未來。

用行為經濟學
讓社會更好

　　現在，以「輕推理論」為主，越來越多人試著運用行為經濟學的概念來訂定和推動政策。從前，政府總是不由分說地強硬推動政策，例如「為了減少歲出，大家要自己負擔醫藥費」等等，但實際上這樣做並沒有得到預期的效果，日本的財政狀況就是個好例子。要解釋這種狀況的肇因時，經常有人指出：「多數有投票權的選民都是高齡者，是他們的意見為政治帶來巨大的影響。」這樣的指責在某種層面來說並沒有錯，但即使繼續討論這個問題，情況大概還是不會有太大的改善，因為人遲早都會老。

　　也就是說，我們必須從全新的觀點和構想來討論政策。人並不像傳統經濟學所想的那麼利己，很多人都會從「為別人付出」中感到滿足。若能把焦點放在「利他主義」的心理來研擬和討論政策，應該會有很大的價值。

chapter

8

行為經濟學
今後的展望

{ 讀到這裡，大家應該已經了解行為經濟學是一門什麼樣的學問了。透過大家的學習和實踐，行為經濟學還能繼續發展下去。 }

01 人們的「行為」
將支撐進一步的研究

行為經濟學是一門「實踐的學問」。即使出了研究室，行為經濟學的理論依然每天持續在發展。

　　在此時此刻，行為經濟學的理論仍然持續在發展當中。只要我們還有動物本能（animal spirits）和自我實現的需求，就會有企業想要採用行為經濟學來提供新商品和新服務，進而改變社會，這將有助於**行為經濟學進一步發展**。在行銷和金融市場交易這些行業中，從業人員已經著眼於消費者和投資人的心理，藉此來擬定策略。

社會在改變

由於社會在變，人們更加需要行為經濟學這門能夠解釋社會變遷的新理論。

實踐行為經濟學將有助於建構進一步的理論。包括羅伯‧席勒教授和理查‧塞勒教授在內，許多國外的行為經濟學研究者都會經營諮詢公司或投資顧問公司，一邊實踐理論、一邊從實務上獲得經驗，並根據經驗從事進一步的研究。在日本，若實務界能和學術界合作，讓實踐與研究相輔相成，或許會有更好的發展。

實踐能促進發展

● 學術界必須與實務界攜手合作。

在國外，
學者透過實踐來做
進一步的研究。

在金融領域，
運用行為財務學的
投資策略正在普及。

學術界

實務(事業與政策)

企業會關注消費者的心理，
使出新的行銷手法或
促銷策略。

行為經濟學今後的展望

02

深究人的心理後，
繼續研究大腦

有一門學問叫做「神經經濟學」，它經由和行為經濟學不同的
路線，試圖從「掌管人心的大腦」來解讀經濟。

如果有人問：「心在哪裡？」大家會怎麼回答呢？當我在大學課堂上這麼問
學生，許多人的答案都是心臟。但是，掌管人心的其實是「大腦」，而**神經經
濟學**（Neuroeconomics）這門學問就是在研究大腦如何運作並讓人做出決策。
它運用大腦生理學的方法，試圖解開當人做出和經濟有關的決策時，大腦會發
揮什麼樣的功能。

心位於「腦」而非心臟

行為經濟學運用心理學來分析人
類的經濟活動。此外，還有一門
學問是「神經經濟學」，它關注
大腦的運作，研究人如何做出和
經濟有關的決策。

思考和感受
都由大腦處理，
而非心臟。

神經經濟學會使用「功能性磁振造影裝置」（fMRI）等醫療儀器來觀察人類或動物的大腦活動與血流並拍成影像，藉此研究多巴胺（一種神經傳導物質）的分泌如何變化，而這又會影響人們做出什麼不同的經濟決策。有人指出，神經經濟學與其說是經濟學，更該說是大腦生理學的一個次領域。

「神經經濟學」是什麼？

行為經濟學在解析人類的決策時將重點放在心理，而神經經濟學則是探究大腦在我們做決策時如何運作，是經濟學的一個次領域。

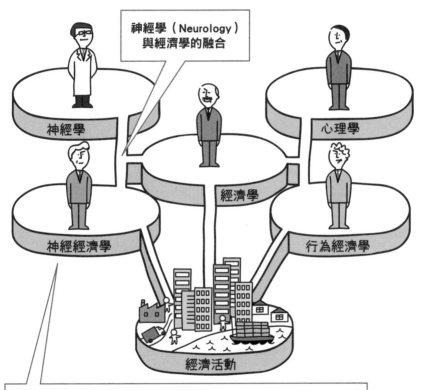

神經學（Neurology）與經濟學的融合

神經學

心理學

經濟學

神經經濟學

行為經濟學

經濟活動

「功能性磁振造影裝置」（fMRI）是用來研究大腦生理學的專門儀器，能夠將大腦運作時活動部位的血流變化拍成影像。而神經經濟學則試圖運用這台儀器，從神經學的觀點來研究我們從事經濟活動時的背景與做決策的方式（亦即大腦的運作模式）。

行為經濟學 今後的展望 03

將輕推應用在政策上的機會很多，且正在加速

「輕推理論」榮獲諾貝爾經濟學獎而蔚為話題，以它為主的行為經濟學理論今後也會更常運用在公共政策上。

「輕推理論」不強迫人，讓人有選擇的自由，但又像用手肘輕推一下似的，不著痕跡地幫人做出更好的決策，可望應用在教育、醫療、社會福利等各種領域。這代表政府的目標是要在制定和推動政策時納入**「自由家長主義」**的觀念。所謂的「自由家長主義」，就是重視自由的「自由主義」與「以公權力介入」（父權主義）的合體。

自由家長制

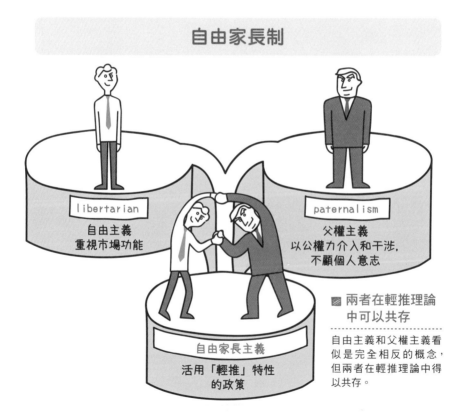

libertarian
自由主義
重視市場功能

paternalism
父權主義
以公權力介入和干涉，
不顧個人意志

自由家長主義
活用「輕推」特性
的政策

▨ **兩者在輕推理論中可以共存**

自由主義和父權主義看似是完全相反的概念，但兩者在輕推理論中得以共存。

人有控制欲，一旦遭到強迫就會反彈、拒絕接受並感到不滿。要是以健康為由要求民眾不要搭乘電扶梯，他們就會生氣。相較之下，如果把樓梯畫成鋼琴鍵盤，踩了就會發出聲音的話會如何呢？如此一來，人們就會想要走樓梯而不搭電扶梯，享受用腳彈奏音樂的樂趣，這是瑞典正在實施的「輕推」實例。

人不喜歡遭到強迫

行為經濟學
今後的展望

04

人的心理
並非「只想到自己」

人的確多少有利己的一面，但人並不像傳統經濟學所設定的
那樣完全自私自利。

　　傳統經濟學不但認為人是理性的，還把「人是利己的」當作前提。然而，就如同有些人會參與志工活動一樣，我們並不是永遠都抱著「利己主義」。就業時，也有許多求職者很注重「能否對別人或社會做出貢獻」。從這些例子就能看出，人其實具備了「想要幫助別人」的**「利他主義」**（Altruism）。

人是自私自利的嗎？

我不想跟
這種人共事！

那種人
真討厭！

我的字典裡
沒有「利他主義」
這個詞。

當代的經濟已經複雜到
無法用傳統經濟學的前
提解釋。

真不想
跟他當朋友。

理性的經濟人

英國經濟學家阿爾弗雷德‧馬歇爾（Alfred Marshall）主張經濟學家必須具備冷靜的頭腦和溫柔的心（眼中要有別人）。曾獲諾貝爾經濟學獎的印度經濟學家阿馬蒂亞‧森（Amartya Sen）也指出，傳統經濟學所說的「理性的經濟人」其實是「理性的愚者」，在探討經濟時應該連帶將同理心、與別人的關係和利他主義都考慮進去。雖然社會對於「利他主義如何影響經濟活動」有各種爭論，但利他主義確實正受到矚目。

利他主義的經濟活動實例

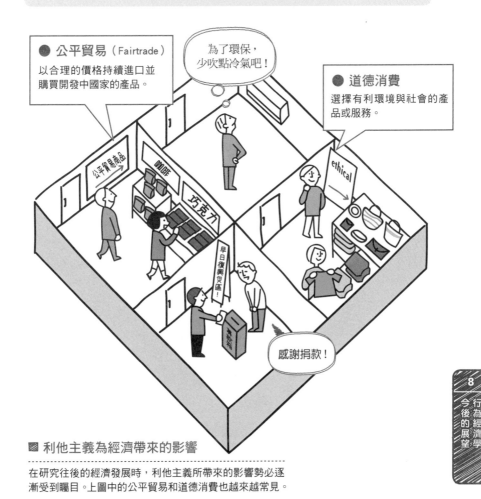

▨ 利他主義為經濟帶來的影響

在研究往後的經濟發展時，利他主義所帶來的影響勢必逐漸受到矚目。上圖中的公平貿易和道德消費也越來越常見。

行為經濟學
今後的展望

05

「為他人著想的心」讓社會更好？

仔細觀察這個社會，會發現人們互助合作過著生活。在政治領域，人們對於「利他主義」的政策也越來越關注。

依照傳統經濟學的理論，人的形象是理性的，就像《骷髏13》的主角般冷靜且冷酷，只會追求自己的利益。然而，在現實社會中，為他人著想的「利他主義」政策早就已經實施，並不像「理性的經濟人」那麼自私自利。舉例來說，社會保險和稅制就有重新分配所得的功能，也就是由政府將富人的財富分給所得較少的人，藉此提升社會福利，這樣的觀念就和利己主義不同。

所得重新分配制度

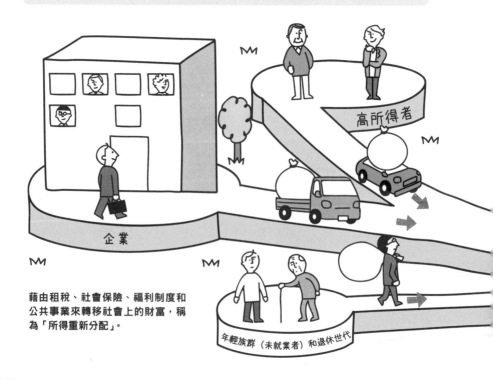

高所得者

企業

年輕族群（未就業者）和退休世代

藉由租稅、社會保險、福利制度和公共事業來轉移社會上的財富，稱為「所得重新分配」。

「所得重新分配」之所以受到重視，是為了維持整個社會的公平正義。如果我們真的抱持利己主義，那麼「不管別人死活，我要獨占所有財富來滿足自己」的人就會逐漸增加，這種社會應該很冷漠，很難待得下去。基於這一點，若著眼於利他主義並加以善用，將能讓人們的生活更富足。

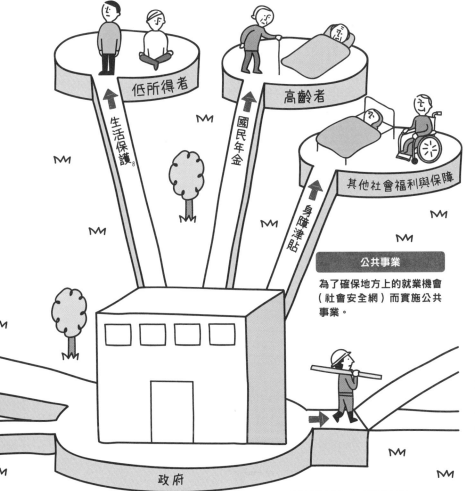

低所得者

高齡者

生活保護 8

國民年金

其他社會福利與保障

身障津貼

公共事業

為了確保地方上的就業機會（社會安全網）而實施公共事業。

政府

8 行為經濟學 今後的展望

8 譯註：類似台灣的中低收入戶補助。

行為經濟學
今後的展望
06

追求「動力」──只要有動力，任何事都可能辦到

「動物本能」對經濟成長不可或缺。人追求財富和成功的「意氣」，將會創造更大的附加價值。

　　說到底，是人的欲望在支持經濟成長，尤其追求利益與功成名就的「意氣」與「野心」是**「動物本能」(Animal spirits)**，也是經濟成長的重要支柱。若回顧金融風暴後的全球經濟，蘋果公司的「iPhone」爆紅是一大重點，史蒂夫·賈伯斯追求「簡而美」的設計和智慧功能，iPhone 就是在他的堅持下誕生的結晶。

「動物本能」是什麼？

當企業家想要開創新事業或投資時，那種無法用邏輯解釋的熱情和意氣就稱為「動物本能」。

人經常會出於野心和意氣而做出無法預測且不理性的行為。

什麼是「動物本能」？

「動物本能」一詞源自凱恩斯，他主張「企業家的意氣與野心是創新的泉源，會在經濟發展上發揮重要的功能」。美國經濟學家喬治·艾克羅夫（George Arthur Akerlof）與羅伯·席勒教授於 2009 年發表的共同著作《動物本能：重振全球榮景的經濟新思維》（天下文化出版）也成為話題。

約翰·梅納德·凱恩斯
（John Maynard Keynes，1833~1946）
20 世紀前半最具代表性的英國經濟學家，他為經濟學界帶來了名為「凱恩斯革命」的變革。

iPhone 的問世帶動了各種服務，例如社群網站和影音平台的發展，創造出前所未有的需求，促進了經濟成長。有些人追求利益，有些人想實現自己的堅持，儘管動機不盡相同，但當擁有「動物本能」的人越多，人類就能挑戰越多事物。若要開發出許多人都想要的暢銷商品，「動物本能」是不可或缺的，而若能創新出像 iPhone 這般受歡迎的商品，人們的需求也會大增。

iPhone 帶來的衝擊

網路搜尋
和電子郵件的功能擴充

iPhone 的問世大大改變
我們的生活。

臉書、推特、LINE
等社群服務的功能擴充

拍照功能大升級

影音視聽服務
的功能擴充

隨著智慧型手機的普及，傳統型手機和數位相機的需求便減少了。這乍看之下讓許多企業陷入困境，但重要的是暢銷商品能創造新需求，即使這會使得舊思維的產品與服務需求減少。

我並非想與
其他產業為敵，只是
想開發好的產品，
卻變成這樣⋯⋯

史蒂夫・賈伯斯
（1955～2011）

行為經濟學
今後的展望
07 行為經濟學的研究
仍在進行中

為了讓我們過著更富足的人生，行為經濟學今後將會繼續發展，並且為大眾所需要。

對於行為經濟學往後的發展，筆者期待它和公共政策之間能發展出更密切的關係。日本的社會問題不勝枚舉，例如少子化、高齡化、財政惡化、以醫療為主的社會保障究竟能持續多久等等，而且全都不是近日才產生的困境。儘管如此，現實情況是這些問題仍遲遲未見改善，若欲扭轉情勢，我認為進行行為經濟學的深入研究將很有助於建構解決之道。

將行為經濟學納入政策，創造更好的社會

活用「輕推」等行為經濟學理論，
能夠讓人做出更滿意的決策。

為了解決上述問題，有人主張「必須有外部壓力」、「競爭原則很重要」、「要削減歲出」、「要改革勞動現況」等等，這些都很有說服力，但若真要說起來，那些構想幾乎都是採強迫手段，也就是父權主義。我期待人們能夠更蓬勃地進行討論，想一想**要如何從政策面來幫助更多人毫不抗拒地接受變化，追求更充實的人生。**

行為經濟學
能讓人生更豐富

研究者（學術界）自不待言，今後政府和企業等各界人士對行為經濟學的期待將會越來越高，因為和傳統經濟學理論相較之下，用行為經濟學概念來解釋我們的行為及社會變動更有說服力。我想，行為經濟學往後能夠做出合理解釋的範圍會逐漸擴大，這對個人的生活以及思考如何解決社會問題來說至關重要。

未來，行為經濟學帶來的變化很可能會改善社會，營造出更好的環境。傳統經濟學擁有較長的歷史，也有一定程度的說服力，而行為經濟學則是比較新穎的理論，重點在於要運用這兩門學問來打造安定的經濟環境。此外，研究經濟的專家也必須因應需求將不同領域的理論納入經濟學，建立更有說服力且讓眾人都能接受的理論。

行為經濟學是一門貼近生活且具有現實感的理論，能夠解釋每一個人做的決策。以四捨五入為例，我們會把複雜且大量的資訊「簡化」，藉此進行判斷。相反地，如果直覺和「捷思」沒有發揮作用，我們就無法

逐一做決策。也就是說，學習行為經濟學能夠幫助我
們更深入地了解自己如何做決定。

　　行為經濟學能輔佐我們減少粗心的失誤，檢討自
己為什麼做了錯誤的決策。如同「認知失調」理論所說，
要承認失誤會為自己帶來不小的壓力，但光是懂得「認
知失調」的理論，就能讓人自我反省：「為什麼我總是
會為自己找藉口呢？」有句話說：「失敗為成功之母。」
實踐行為經濟學可說是了解心理的運作，並根據它來
探究自我做決策的過程，如此就能做出更讓人滿意的
決策，享受更豐富的人生。

本書用語索引

190

☑ 主要参考文献

最強のファイナンス理論　真壁昭夫 著（講談社）

実践！ 行動ファイナンス入門　真壁昭夫 著（アスキー・メディアワークス）

基礎から応用までまるわかり 行動経済学入門　真壁昭夫 著（ダイヤモンド社）

最新 行動経済学入門　真壁昭夫 著（朝日新聞出版）

セイラー教授の行動経済学入門　リチャード・セイラー 著　篠原勝 訳（ダイヤモンド社）

実践 行動経済学——健康、富、幸福への聡明な選択
リチャード・セイラー／キャス・サンスティーン 著　遠藤真美 訳（日経BP社）

ずる 嘘とごまかしの行動経済学　ダン・アリエリー 著　櫻井祐子 訳（早川書房）

予想どおりに不合理 行動経済学が明かす「あなたがそれを選ぶわけ」
ダン・アリエリー 著　熊谷淳子 訳（早川書房）

アリエリー教授の「行動経済学」入門
ダン・アリエリー 著　NHK白熱教室制作チーム 訳（早川書房）

アリエリー教授の人生相談室 行動経済学で解決する100の不合理
ダン・アリエリー 著　櫻井祐子 訳（早川書房）

ファスト＆スロー（上・下）　ダニエル・カーネマン 著　村井章子 訳（早川書房）

Baba Shiv, Ziv Carmon, Dan Ariely (2005) Placebo Effects of Marketing Actions:
Consumers May Get What They Pay For Journal of Marketing Research: November 2005,
Vol. 42, No. 4, pp. 383-393.

Ronald E. Milliman (1986) The Influence of Background Music on the Behavior of
Restaurant Patrons Journal of Consumer Research, Vol. 13, No. 2 (Sep., 1986), pp. 286-289

Edward H. Chamberlin (1948) An Experimental Imperfect Market The Journal of Political
Economy, Vol. 56, No. 2. (Apr., 1948), pp. 95-108.

H. Kent Baker, John R. Nofsinger (2010) Behavioral Finance: Investors, Corporations, and
Markets (Robert W. Kolb Series) Wiley

☑ 日文版 STAFF

撰稿協助	竹內尚彥
編輯	坂尾昌昭、小芝俊亮（株式會社 G.B.）、平谷悅郎
內文插圖	小林由枝（kuma-art）
封面插圖	pu-taku
封面／內文設計	別府拓（Q.design）
DTP	kunugi 太郎、野口曉繪（TARO WORKS）

行為經濟學：人非永遠理性，人心更能帶動經濟，消費心理如何運作，一本
輕鬆看透！/真壁昭夫著；伊之文譯 . -- 初版 . -- 臺中市：晨星出版有限公司，
2021.11

面；　公分 . -- （勁草生活；485）

譯自：知識ゼロでも今すぐ使える！行動経済学見るだけノート

ISBN 978-626-7009-88-8（平裝）

1. 經濟學 2. 行為心理學

550.14　　　　　　　　　　　　　　　　　　　　　　110015331

勁草生活 485

行為經濟學

人非永遠理性，人心更能帶動經濟，消費心理如何運作，一本輕鬆看透！

知識ゼロでも今すぐ使える！ 行動経済学見るだけノート

作　　者｜真壁昭夫
譯　　者｜伊之文
責任編輯｜王韻絜
校　　對｜沈慈雅、姜振陽、伊之文、王韻絜
封面設計｜戴佳琪
內頁排版｜陳柔含
創 辦 人｜陳銘民
發 行 所｜晨星出版有限公司
　　　　　台中市 407 工業區 30 路 1 號
　　　　　TEL：(04)23595820　FAX：(04)23550581
　　　　　http://star.morningstar.com.tw
　　　　　行政院新聞局局版台業字第 2500 號
法律顧問｜陳思成　律師
初　　版｜西元 2021 年 11 月 15 日　初版 1 刷

讀者服務專線｜ (02) 23672044 / (04) 23595819#230
讀者傳真專線｜ (02) 23635741 / (04) 23595493
讀者專用信箱｜ service @morningstar.com.tw
網路書店｜ http://www.morningstar.com.tw
郵政劃撥｜ 15060393（知己圖書股份有限公司）
印　　刷｜上好印刷股份有限公司
定　　價｜新台幣 350 元
I S B N｜ 978-626-7009-88-8

歡迎掃描
QR CODE
填線上回函

CHISHIKI ZERO DEMO IMASUGU TSUKAERU!
KOUDOUKEIZAIGAKU MIRUDAKE NOTE
by
Copyright © AKIO MAKABE
Original Japanese edition published by Takarajimasha, Inc.
Traditional Chinese translation rights arranged with Takarajimasha, Inc.
Through AMANN CO., LTD.
Traditional Chinese translation rights ©2021 by Morning Star Publishing Co., Ltd.

All rights reserved
Printed in Taiwan

版權所有・翻印必究
（缺頁或破損，請寄回更換）